MÉMOIRE

POUR

LES DÉPORTÉS

DE LA MARTINIQUE.

Latet jus privatum sub tutelâ juris publici.
BACON, Aphorism. 3.

(Il n'y a pas de droits privés, là où il n'y a pas
d'institutions publiques.)

« On n'est coupable que lorsqu'on a été jugé. »
(Paroles de M. le Garde-des-sceaux à la Chambre des Députés, le 29 juin 1824.)

PARIS.

IMPRIMERIE DE J. TASTU,
RUE DE VAUGIRARD, n° 36.

1824

AU ROI

EN SON CONSEIL DES MINISTRES.

SIRE,

Quand Votre Majesté inscrivait, dans l'article 73 de la Charte, ce principe que les colonies françaises seraient régies par des Lois et par des Réglemens particuliers, elle posait les bases d'une organisation *législative* tout à la fois et *réglémentaire* : elle annonçait à ses fidèles sujets des colonies, une charte spéciale et des institutions analogues à celles sous lesquelles sa haute sagesse a placé les Français de la métropole.

Digne successeur d'un prince qui mérita d'être appelé le restaurateur de la liberté française, Votre Majesté avait en vue le rétablissement, dans nos possessions d'outre-mer, de ces assemblées coloniales, dont Louis XVI, par une ordonnance à jamais célèbre du 17 juin 1787, avait réglé l'organisation sur le pied le plus libéral; non pas de ces assemblées *mi-partie d'agriculture et de commerce* (1), nom sous lequel on les désignait alors, et que l'on vient de rétablir en ces dernières années, assemblées composées de membres choisis sur la proposition des

---

(1) Créées les 23 juillet et 10 décembre 1759, réformées le 28 mars 1763, et remplacées temporairement par des assemblées plénières ou de notables.

(4)

préfets coloniaux , dont l'impuissance a été plusieurs
fois proclamée par nos Rois; mais d'un corps vrai-
ment représentatif, tirant sa force de son élection,
stipulant les droits du peuple, et renouvelé tous les
quatre ans.

Le bienfait de ces institutions protectrices était
attendu avec d'autant plus d'impatience dans nos colonies, que le mélange toujours croissant des castes;
y a produit des germes de dissensions que les préjugés et les prétentions excessives des blancs tendent
incessamment à accroître, et que l'abolition graduelle
et désormais assurée de l'esclavage, appelle dans la
classe des hommes libres de couleur, un grand nombre
de citoyens. Le temps est venu, pour les blancs qui
forment une classe à part et privilégiée, et qui seuls
jouissent des droits civils et politiques, de partager
enfin les avantages sociaux avec ceux qui supportent
comme eux toutes les charges publiques.

On peut le dire hautement, parce que c'est une
vérité généralement sentie : si nos colonies ne sont
pas montées au degré de prospérité auquel elles sont
appelées par la marche progressive des choses dans
le Nouveau-Monde; si même elles sont tombées dans
un état de souffrance et de pauvreté reconnues par
les hommes de toutes les opinions; si elles sont une
charge pour la métropole (1); c'est que la législation
y a été stationnaire ou pour mieux dire rétrograde.

Les institutions qui les gouvernent, bien loin de
protéger l'industrie et d'aider au développement des
facultés morales et intellectuelles de la population
de ces contrées, tendent au contraire à les comprimer.

Cette erreur est d'autant plus grave, elle est d'autant plus fâcheuse, que de toutes parts sur le conti-

---

(1) *La Martinique*, au lieu de grossir le trésor royal, lui
coûte chaque année plus d'un million. Il en est de même des
autres colonies, à l'exception, dit-on, des établissemens de
l'Inde.

nent et dans l'archipel des Antilles, la civilisation a fait d'immenses progrès; le vieux système colonial a péri dans les anciennes colonies espagnoles.

Les colonies anglaises ont obtenu de la sagesse du gouvernement britannique des institutions basées sur celles dont Louis XVI a donné le modèle dans l'édit de 1787, qui concilient les intérêts de la métropole, avec la protection que tout habitant d'un État a droit de réclamer de ceux qui le gouvernent. Même dans les colonies qui n'ont point encore de législature coloniale, telles que la Trinité, Sainte-Lucie, Demerary, et là plus qu'ailleurs, S. M. le roi de la Grande-Bretagne, vient d'améliorer considérablement le sort de la population esclave (1). Partout les hommes de couleur, qui forment la base de la population, ont obtenu la jouissance de l'intégrité des droits civils. Ils sont, à cet égard, sur un pied d'égalité parfaite avec les blancs ou créoles; partout le droit est substitué au privilége.

Les colonies françaises ressentent les mêmes besoins; elles ont les mêmes droits, et notre gouvernement est trop sage et trop éclairé, la promesse faite par notre auguste monarque est trop formelle et trop précise, pour qu'on les laisse plus long-temps dans le provisoire; pour que les vœux de cette intéressante partie de l'empire français soient plus

---

(1) Un ordre du conseil privé du mois de mars, communiqué aux deux chambres du parlement, qui est annoncé comme le précurseur d'améliorations plus grandes, abolit l'usage du fouet, comme une peine envers les individus du sexe féminin, et comme emblême d'autorité, et un stimulant au travail pour tous les autres; des réglemens précis sur les punitions à infliger aux mâles; des dispositions propres à encourager et valider les mariages entre esclaves; des facilités pour les affranchissemens et rachats. On accorde aux esclaves la capacité du témoignage en justice; on va jusqu'à leur garantir les droits de propriété, avec faculté de disposer. Les ministres ont dit, avec raison, que par-là l'esclave commençait à entrer de la classe des brutes dans celle des hommes, et qu'on le traitait comme un enfant mineur.

long-temps ajournés, pour qu'enfin les hommes de couleur libres restent privés de la participation aux droits civils et de cité, réduïts qu'ils sont à l'état de véritables PARIAS.

Le malheureux événement qui donne lieu à la publication de ce Mémoire, en démontre d'ailleurs l'urgente *nécessité;* car il sera *prouvé* que les hommes de couleur sont privés de la protection des lois, qu'ils ne jouissent pas même des droits civils. Il ne faut pas que des bannissemens en masse se renouvellent, et qu'une population tout entière puisse être mise hors la loi sur le plus léger soupçon, et sous prétexte d'une conspiration que les élémens judiciaires démontrent tout-à-fait imaginaire.

Dans toutes les colonies françaises, et à la Marti-nique en particulier, la pratique de l'esclavage que l'un des ministres du Roi (1) a si bien nommé *un crime légal*, a produit ce mal, qu'elle a accoutumé les blancs à se considérer comme des hommes d'une espèce supérieure, ayant droit d'exploiter à leur profit exclusif, la population de ces colonies qui s'y trouve parquée et enfermée, pour ainsi dire, comme dans une prison perpétuelle (2).

Oubliant qu'aux yeux de Dieu et de la religion qu'ils professent, tous les hommes naissent libres, qu'ils ont également droit aux produits de la terre, et que les indigènes des Antilles avaient même une

---

(1) Note officielle de M. le vicomte de Châteaubriand au con-grès de Vérone, en réponse au Mémoire de l'ambassadeur de S. M. B. relativement à l'abolition de la traite.

(2) D'après les réglemens coloniaux, tout individu né sur le sol des colonies (excepté les Européens ou les blancs), ne peut le quitter et réaliser sa fortune, sans la permission du gouver-neur. On ne peut pas même, sans cette permission, quitter un quartier pour aller s'établir dans un autre.

Autrefois quand un nègre avait touché le sol français, il était libre. Lettre du ministre du 5 février 1698. Mais les temps son t changés!

possession antérieure légitimée par la mise en culture, les premiers colons, presque tous aventuriers, en abandonnant la flibuste (1), et devenant planteurs, parce qu'il y avait moins de dangers, abusèrent à si haut point du prétendu droit de la victoire, qu'ils firent périr les habitans par le fer ou les réduisirent en esclavage, et lorsque cette innocente population (2) eut disparu presque tout entière par leur barbarie, ils la remplacèrent par l'odieux trafic connu sous le nom de TRAITE DES NOIRS.

Ces abus cruels demeurèrent sans aucune répression jusqu'au milieu du dix-septième siècle, qu'ils excitèrent l'attention et éveillèrent la sollicitude et l'humanité de nos rois. Le gouvernement intervint pour empêcher les mêmes excès de se renouveler.

On ne pouvait détruire le mal dans sa racine ; on y chercha des palliatifs.

Louis XIII ne consentit qu'avec beaucoup de peine (3) à souffrir que les premiers habitans des îles eussent des esclaves. Fidèle à cet ancien principe, que toute terre soumise à la souveraineté du roi de France, est une terre de liberté, il voulait que tous ses sujets des colonies fussent libres ; mais on parvint à lui persuader, contre les principes les plus certains de la religion chrétienne, que le maintien de l'esclavage était le plus sûr, et même l'unique moyen de tirer les Africains indigènes de l'idolâtrie.

Un édit rendu par ce prince à Narbonne, au mois de mars 1642, donna les îles de l'Amérique, et no-

---

(1) *Voyez* le père Labat, l'Histoire générale des Voyages, liv. VIII, chap. 1er, 2 et 3, et les Annales de Saint-Domingue et de la Martinique. *Ducasse*, qui a été gouverneur de Saint-Domingue en 1711, avait été chef des flibustiers ou pirates. Une déclaration du roi du 5 juillet 1722, défend d'envoyer à l'avenir aux colonies des vagabonds et gens sans aveu.

(2) Les Caraïbes.

(3) Le père Labat, cité Histoire générale des Voyages, par La Harpe. Liv. VIII, chap. 2, pag. 138, édition in-12. — 1822.

tamment la Martinique (1) à titre d'inféodation, à
une compagnie privilégiée, à la charge d'y établir
et d'y faire fleurir la religion catholique.

Par l'établissement de cette compagnie, on met-
tait un frein à l'avidité et à la barbarie des premiers
possesseurs.

« Et d'autant, porte l'article 13 de cet édit, qu'au-
» cuns de nos sujets pourraient faire difficulté de
» transférer leurs demeures ès-dites îles, craignant
» que leurs enfans ne perdissent leur droit de natu-
» ralité en ce royaume; nous voulons et ordonnons
» que les descendans de Français habitués auxdites
» îles, et MÊME LES SAUVAGES CONVERTIS A LA FOI CHRÉ-
» TIENNE, seront censés et réputés NATURELS français,
» capables de toutes charges, honneurs, successions
» et donations, ainsi que les originaires et régni-
» coles. »

Louis XIV, s'étant aperçu que la compagnie abu-
sait des pouvoirs qui lui étaient conférés (2), révoqua
ses priviléges par édit du 1er avril 1679, et il en reprit
la protection directe, qu'un gouvernement ne doit
jamais abandonner sur les peuples soumis à sa souveraineté.

Malgré cette révocation, les créoles ou planteurs,
descendans des familles anciennement établies dans
les Antilles, se considérent toujours soit comme con-
quérans, soit comme souverains seigneurs et propriétaires du sol, à la charge d'un stérile *hommage* envers la couronne de France; plus d'une fois ils se sont
permis de s'insurger contre les gouverneurs, et d'em-

____

(1) C'est la première loi insérée dans le Code de la Martinique,
six vol. in-8°, d'où toutes nos citations de lois sont extraites,
ainsi que du savant et volumineux recueil des Constitutions des
Colonies, par Moreau de Saint-Méry. Six vol. in-4°.

(2) On peut voir dans l'Histoire des Voyages, *ibid.*, pag. 162,
les obstacles que les compagnies privilégiées apportèrent à l'ac-
croissement de Saint-Domingue.

barquer ceux dont l'administration ferme et sévère, conforme aux intentions formellement exprimées dans les ordonnances de nos rois et dans leurs mémoires d'instructions, tendait à rabaisser leur orgueil et à rétablir l'égalité des droits et une autorité protectrice de tous les intérêts.

Plus souvent encore, par des mémoires adressés clandestinement au ministère des colonies, ou par les sollicitations intéressées des députés coloniaux, ils ont calomnié la conduite des gouverneurs les plus respectables, et ils en ont obtenu le rappel.

Les gouverneurs qui ont voulu se maintenir plus long-temps dans leur commandement, ou qui, par faiblesse ou par les préjugés de leur naissance, épousaient les intérêts de la classe privilégiée, ont dissimulé au gouvernement du roi l'oppression sous laquelle gémissent les hommes de couleur et les esclaves.

Elle n'avait pas cependant échappé à l'attention du grand roi, et par un édit du mois de mars 1685 (appelé le Code noir), il crut y mettre un terme pour l'avenir. Par cette loi, le sort des esclaves fut considérablement adouci (les lumières n'étaient pas encore assez avancées pour qu'on songeât à l'abolition graduelle de l'esclavage, par la prohibition de la traite).

On va juger par les dispositions relatives aux hommes de couleur libres, de l'esprit de libéralité qui dominait alors dans le conseil du roi.

« Déclarons (dit l'art. 57) l'affranchissement fait
» dans nos isles, tenir lieu *de naissance*, et les es-
» claves affranchis n'avoir besoin de nos lettres de
» naturalité, pour jouir de l'*avantage* de nos sujets
» naturels du royaume, encore qu'ils soient nés dans
» les pays étrangers. »
Et dans l'art. 59, on lit :
« Octroyons aux affranchis, les mêmes *droits*, *pri-*
» *viléges* et *immunités* dont jouissent les personnes
» libres ; voulons que le mérite d'une liberté acquise,

» produise en eux, tant pour leurs personnes que
» pour leurs biens, les mêmes effets que *le bonheur*
» *de la liberté naturelle* cause à nos autres sujets.».

On trouve dans cette disposition d'une loi solen-
nelle , enregistrée dans tous les tribunaux des
colonies , la base de toutes les améliorations ac-
cordées par Louis XVI , et de nouveau promises
par V. M. (1). On y concède aux hommes de couleur , non-seulement la plénitude des droits civils,
mais encore l'intégralité des droits politiques, qui
peuvent ou pourront être départis aux créoles des colonies.

Quand même ceux-ci les réclameraient à titre d'immunités ou de *priviléges* , les hommes de couleur y par-
ticiperaient comme eux-mêmes.

Telle est la Charte octroyée il y a plus d'un siècle
par le grand roi à la population des Antilles.

Il est de toute évidence que, dans les conseils de
Louis XIV, on avait reconnu l'illégitimité primordiale

---

(1) On lit dans l'ordonnance du 22 novembre 1819, qui n'est
que le développement d'une partie des promesses consignées
dans l'article 73 de la Charte , article 4 :
. , « Voulons, *en conformité du droit public des Français*, qu'à
» dater du jour de l'enregistrement de la présente ordonnance
» dans nos colonies, tous arrêts et jugemens soient motivés ,
» et qu'à partir du même jour, la peine de la confiscation des
» biens des condamnés, soit abolie.
» Seront au surplus repris et complétés , sous le moindre
» délai, les travaux commencés relativement à la mise en vi-
» gueur dans nos possessions d'outre–mer, des dispositions des
» nouveaux Codes.
» Une organisation judiciaire, aussi rapprochée que faire
» se pourra de celle de la métropole, sera établie dans les co-
» lonies.
» A la Martinique, ils seront rédigés par le commissaire de
" justice, que nous y envoyons à cet effet. »
Nos Codes sont tellement basés sur des principes d'égalité,
que pour en ôter le bienfait , on a été obligé d'en modifier
les dispositions, là où ils ont été publiés.

de l'esclavage (1); et si la raison d'Etat empêchait de l'a-
bolir alors, le vice originel s'en trouvait du moins entiè-
rement effacé par (2) l'affranchissement; on ne voulait
pas que la dignité que l'Etre-Suprême a imprimée à
l'homme, (quelle que soit sa couleur,) fût flétrie en la
personne des hommes de couleur libres, par aucune de

---

(1) Le gouvernement de Louis XV lui-même, malgré sa faiblesse, et quoiqu'il ait augmenté, au lieu d'adoucir graduel-
lement les sévérités du Code noir, et rétracté plusieurs des con-
cessions de son auguste prédécesseur, le gouvernement de
Louis XV, par une ordonnance célèbre du 2 mars 1739, a défendu la traite des Caraïbes et des Indiens.

Y avait-il un autre motif que l'intérêt et la cupidité, de
traiter autrement les Africains? Des décisions spéciales des 7
janvier 1763 et 27 mai 1771, ont cependant fait cette distinc-
tion outrageante envers la raison et l'humanité.

(2) On lit dans une lettre ministérielle du 5 février 1698,
que le gouverneur de Saint-Domingue proposait de porter une
loi qui déclarerait libres tous les mulâtres, dès qu'ils auraient
atteint leur vingt-unième année. Moreau de Saint-Méry ob-
serve que c'était *alors* un usage assez communément observé à
Saint-Domingue et ailleurs de la leur accorder ; preuve sans
réplique que l'on a rétrogradé. L'esclavage n'est pas ce qu'il y
a de plus avantageux pour les planteurs eux-mêmes.

Ou a prouvé au parlement d'Angleterre, dans la séance de
la chambre des communes du 13 mai, que dans les colonies
américaines, un homme libre fait deux fois plus de travail
qu'un esclave. M. Steele, voyant décroître sensiblement le revenu d'une grande plantation qu'il avait à la Barbade, s'y
transporta en 1790 pour en découvrir la cause et pour tâcher
d'y remédier. Il avait mille soixante acres de terre et deux cent
quatre-vingt-huit esclaves; le nombre des naissances avait
été de quinze dans les trois dernières années et celui des
décès de cinquante-sept. Il supprima le fouet, transforma ses
esclaves en petits fermiers, et établit un tribunal de Nègres,
pour punir les offenses et les contraventions. Dans les quatre
années suivantes, les naissances s'élevèrent à quarante-quatre,
les décès à quarante-un, et le revenu se trouva triplé. M. Whit-
more a fait remarquer que le prix des terres est d'un tiers plus
élevé dans la Pensylvanie où l'esclavage n'existe pas, que dans
la Virginie, cultivée par des esclaves. Dans le Maryland, la différence est même plus grande ; les terres de la partie haute, où il
n'y a pas d'esclaves, valent moitié de plus que dans la partie
haute où l'esclavage est pratiqué.

ces distinctions humiliantes qui sont effacées presque partout, et qui n'existent plus guère qu'à la Martinique.

Voyons maintenant comment les Chartes de 1642 et de 1685 ont été respectées par ceux qui ont exercé l'autorité du roi dans les colonies.

Nous avons déjà signalé les moyens employés par les créoles pour subjuguer les gouverneurs. Ils en ont employé un autre bien plus efficace, qui à lui seul suffisait pour paralyser tous les efforts qu'on aurait tentés pour y maintenir l'égalité entre les castes.

Les conseils supérieurs ou cours de justice, établis dans les colonies (1), ont reçu ou usurpé le droit de faire des *réglemens* généraux, et par suite, de partager avec les gouverneurs, ou même d'exercer sans partage, la puissance législative.

Que l'on parcoure dans les volumineux recueils des constitutions de Moreau de Saint-Méry, et dans le Code de la Martinique, la longue et fastidieuse série des actes de cette législation locale, et l'on verra perpétuellement les conseils supérieurs lutter contre les gouverneurs (2), refuser d'enregistrer leurs ordonnances (3), et publier eux-mêmes des réglemens odieux et tyranniques (4).

---

(1) Celui de la Martinique a été institué par édit de Louis XIV du 11 octobre 1664 ; et jusqu'en 1684 les arrêts et réglemens de ce conseil ont régi Saint-Domingue et ses dépendances.

(2) Le 3 octobre 1700, le gouverneur s'est plaint de ce que le conseil avait fait contre lui information de vie et mœurs. Le 1er juin 1815, le conseil supérieur de la Guadeloupe a délibéré des remontrances au roi contre l'enregistrement d'une ordonnance.

(3) Ils les ont même souvent annulées, et le ministre a été obligé de rappeler aux gouverneurs qu'ils ne devaient pas le souffrir. Lettres des 14 avril 1710, et 20 avril 1711.

(4) Le 16 février 1660, défense aux femmes de monter dans les chambres hautes des marchands magasiniers et cabaretiers, hors la présence de leurs maris, à peine de 4000 fr. d'amende et du baillon et carcan.

13 octobre 1671, établissement contre les nègres des mutilations et de la peine du jarret coupé.

Ces conseils sont composés de propriétaires pris exclusivement dans la classe privilégiée. Louis XIV avait voulu, par un édit de 1681, qu'au moins ils fussent tenus de motiver leurs arrêts; mais ils ont résisté à son exécution jusqu'en 1819, époque de la publication de l'ordonnance spéciale de V. M.

Louis XIV voulut aussi, pour préserver ses sujets des effets de l'ignorance de ces juges et des préjugés de caste, qu'ils fussent *gradués*, et comme il n'existe

---

10 décembre 1674, introduction de la torture; elle a lieu, en mettant les pieds du patient auprès du feu, préalablement frottés d'huile et de souffre.

(Une ordonnance de Louis XIV, du 13 mars 1713, défendit aux blancs de soumettre leurs esclaves à la question, ce qui pourtant est encore aujourd'hui pratiqué, et n'est jamais réprimé, parce que les esclaves n'osent se plaindre. Louis XVI a aboli la question préparatoire par un édit du 8 avril 1781.)

Le 13 janvier 1676, le conseil supérieur interdit l'exercice des fonctions des avocats, craignant sans doute des représentations courageuses.

En 1723, il défendit même d'écrire les moyens des parties.

Le 22 novembre 1713, on nomma un avocat unique, faiseur de requêtes.

Le 5 octobre 1716, le conseil ordonna que quand une partie ne pourrait parler, le procureur-général parlerait pour elle.

Le 4 octobre 1677, il fait un réglement sur la police des esclaves, et les mutilations forment la base de ce Code barbare. On coupe d'abord le nez ou les oreilles, puis une jambe (que l'on attache à la potence), puis les deux jambes, etc. Une ordonnance du 1er mars 1768 a même substitué ces cruelles mutilations à la peine de mort contre les esclaves, quoique la peine capitale fût souvent préférable et toujours moins dégradante pour ces malheureux. Il semble même que l'intérêt des maîtres s'opposait à ce changement. Il est du moins certain qu'ils s'élevèrent contre les mutilations, tant qu'il fut de jurisprudence que le prix de l'esclave qui mourait par suite de l'exécution, ne devait pas être remboursé à son maître. (Note de Moreau de Saint-Méry sur une ordonnance du 16 août 1700. Arrêt du conseil supérieur du 11 août 1718.) Dans le cas où on y aurait persisté, ils auraient préféré l'impunité.

Le 7 avril 1758, le conseil supérieur fit défense aux esclaves de s'assembler pour *prier* lors des funérailles de leurs compagnons, sous prétexte de pratique superstitieuse.

pas d'école de droit dans ces contrées, cela voulait dire, qu'ils fussent Européens, au moins en majorité.

Ce sage édit n'est pas encore exécuté à la Martinique; le procureur-général seul est choisi parmi les magistrats de la métropole; mais que peut un seul homme contre l'esprit colonial? Il arrive toujours avec les meilleures intentions, mais bientôt il est circonvenu ou subjugué par son intérêt (1); car s'il résiste, il est révoqué ou embarqué (2).

Si les gouverneurs n'ont pu garder leur indépendance, il en doit être, à plus forte raison, de même des procureurs-généraux. C'est pour se soustraire à cette influence coloniale, et pour reconnaître les besoins des colonies, qu'il est passé en principe de renouveler fréquemment les fonctionnaires supérieurs et les magistrats.

La justice rendue par des Tribunaux ainsi constitués, ne peut être que partiale (3), et l'on peut dire

---

(1) Un magistrat envoyé d'Europe pour exercer, dans la ville de Saint-Pierre (Martinique), arriva dans cette colonie avec les meilleures dispositions et les principes d'équité qui caractérisent le véritable magistrat. Il fit respecter la justice, et il s'était attiré par sa fermeté les bénédictions de tous. La justice se rendait comme en Europe. Les colons se liguèrent contre lui, et firent plusieurs sorties indécentes. Il sentit qu'il ne pourrait résister longtemps; voici en quels termes un jeune créole rendait compte de sa conversion à son oncle, ancien avocat aujourd'hui à Paris : « Je vous apprends, cher oncle, que nous avons enfin » réussi à convertir au système colonial notre procureur du » roi; il est aujourd'hui comme il faut être; nous lui faisons » épouser une créole; le voilà, en un mot, colon, quoiqu'il le » soit déjà dans toute la force du terme. »

(2) Le 10 mai 1714, un procureur-général a protesté, avant son embarquement, contre la cabale formée contre lui, au sein du conseil, disant qu'il en référerait au roi.

(3) Relativement aux esclaves, un arrêt du conseil supérieur, du 20 octobre 1670, a condamné un nègre à avoir la jambe coupée pour avoir tué un bourriquet.

10 mai 1671, Arrêt qui, pour punir Brocard d'avoir brûlé avec un tison ardent les parties naturelles d'une négresse, le condamne à 500 fr. *d'amende* seulement. Brocard n'ayant pas cette

qu'elle est l'injustice même, lorsqu'il s'agit d'intérêt de caste ; lors, par exemple, qu'un homme de couleur réclame contre un créole le paiement de quelque créance, ou lorsqu'il se plaint d'avoir été maltraité. On en cite à cet égard des exemples qui passent toute croyance.

---

somme à sa disposition, trouva de suite un blanc pour la lui fournir.

17 juillet 1679. Arrêt du conseil supérieur qui après avoir condamné des nègres à avoir la jambe coupée et des négresses à avoir le nez coupé, avec une fleur de lys sur le front, pour avoir cherché à s'échapper, déclare avoir usé d'indulgence, et annonce qu'il prononcera à l'avenir le dernier supplice. Cette terrible promesse s'exécute, et comme les peines sont encore arbitraires dans les colonies, c'est-à-dire soumises à la discrétion des juges, nous avons vu au XIXe siècle deux arrêts du conseil de la Martinique, du 1er décembre 1815, qui condamnent à la peine capitale le jeune Elysée et ses compagnons, pour avoir, en cherchant à sortir de la colonie sur une barque, commis le crime d'avoir voulu dérober le prix de leurs personnes à leur maître ; d'autres à avoir les jarrets coupés, et la mère d'Elysée à assister à l'exécution de son fils, et à garder prison perpétuelle, pour avoir, pendant quatre mois, dérobé son enfant aux recherches de la justice!

14 novembre 1712. Arrêt du conseil supérieur qui interdit plusieurs médecins de leurs fonctions, à cause de leur incapacité, et leur permet seulement de se livrer au traitement des nègres.

Pour donner une idée de la justice du conseil en certains cas, nous citerons l'arrêt qu'a rendu, le 22 septembre 1721, celui de Saint-Domingue.

« Lefebvre, capitaine des milices, est entré, et a présenté sa
» dénonciation contre vingt-un nègres, dont cinq armés et le reste
» chargés de bagage, accusés de désertion chez l'Espagnol; sur
» quoi le conseil, vu le réquisitoire de M. le comte d'Arquian,
» la plainte ayant été communiquée auxdits nègres présens, et
» fait interpellation judiciaire de reconnaître la vérité en pré-
» sence de Lefebvre, qui leur a soutenu le tout véritable, à quoi
» ils ont répondu que quoiqu'ils eussent des armes, ils avaient
» dessein de revenir, le tout vu et *mûrement considéré*, et ouï
» le procureur-général ; LE CONSEIL, *sans aucune formalité, pour*
» *cette fois et sans tirer à conséquence* ; attendu la nature du
» fait, a déclaré les deux nègres, Alexandre et César, atteints et
» convaincus de désertion, soulèvement et rébellion les armes
» à la main (la désertion seule était vraisemblable), et Bazat,

Si, au contraire, un homme de couleur se rend coupable du moindre méfait, envers un blanc, ou se permet quelque sarcasme contre la classe privilégiée, il n'y a pas de punition assez forte pour réprimer un tel excès d'audace. Les bannissemens, les déportations, les condamnations aux galères, le dernier supplice même suffisent à peine.

Quand on ne peut les atteindre en détail, on suppose une conspiration. (Ordonnance anglaise du 20 septembre 1811.)

On a vu, jusque dans ces derniers temps, des barbaries qui effacent tout ce que l'Asie a inventé de plus cruel en ce genre (1). Les mutilations, la torture, le

---

» Justinien, Francœur, Louis, Marin et Thérèse, complices ;
» pour réparation de quoi, le conseil a condamné Alexandre
» et César à être pendus et étranglés, et ensuite leurs têtes
» coupées et élevées sur des piquets, à laquelle exécution Ba-
» zat et autres assisteront, et seront fustigés et flétris d'un fer
» chaud, avec défense de récidiver sous peine de la vie. »

Dans quel pays du monde suffit-il du témoignage d'un seul homme pour conduire tant de malheureux à l'échafaud, à des peines afflictives et infamantes ?

On est dans l'usage d'y mettre à prix la tête des nègres, malgré qu'un arrêt du conseil d'Etat du roi, du 30 septembre 1726, ait cassé un arrêt du conseil supérieur, qui l'avait ainsi ordonné.

« Il y a des habitans, dit une lettre du ministre, du 30 sep-
» tembre 1727, qui, sur des soupçons qu'ils ont de l'existence
» de nègres sorciers, se donnent la licence de les faire mourir,
» les uns par le feu, les autres en leur brisant les os à coups de
» bâton ou de marteau, sans leur procurer le baptême. »

Telle est la misérable condition des esclaves, qu'il ne leur est pas permis de mourir, et qu'une ordonnance du gouverneur, du 3 janvier 1704, proclame que la condamnation aux galères perpétuelles, à leur égard, n'est pas une *peine*. Qu'est-ce donc, Grand Dieu ! que la vie des esclaves, et qu'ont fait ces malheureux, pour être condamnés en naissant aux galères perpétuelles ?

N'est-ce pas à cause de la rigueur outrée de ces *peines*, et pour que la mémoire des juges n'en demeure pas entachée, que l'on ordonne à des époques très-rapprochées la destruction de toutes les procédures dirigées contre les esclaves. (Arrêt du 24 septembre 1787.)

(1) Un arrêt du conseil supérieur de Saint-Domingue, du

supplice du feu, l'écartellement. Les peines y sont légalement arbitraires (1), c'est-à-dire que les tribunaux peuvent à discrétion appliquer une peine plus ou moins forte, selon l'inspiration de leurs malheureux préjugés.

---

20 janvier 1758, a condamné *Macondal* pour ses maléfices, sortiléges et ventes de poisons, à être *brûlé vif*, comme séducteur, profanateur et empoisonneur, après avoir été mis à la question, et ce, par application d'un édit du mois de juillet 1682 contre *les devins et magiciens*, qui n'avait jamais été publié dans cette colonie.

Le 11 brumaire an XI, à la Guadeloupe, le nommé P. Barsse, fut condamné comme conspirateur, à être rompu et brûlé vif, après avoir été exposé pendant trois heures sur la roue, et un chevalier de Saint-Louis, Millet *de la Girardière*, à être exposé vivant dans une cage de fer sur la place de la Pointe à Pitre, jusqu'à ce que mort s'ensuive.

Raynal dit qu'être exposé au soleil ardent de la Zône Torride, est un supplice plus cuisant, plus affreux que celui du bûcher. La cage de fer de sept à huit pieds de haut, à claire-voie, est exposée sur un échafaud. On y renferme le condamné, il y demeure à cheval sur une lame tranchante; ses pieds portent sur des étriers, et il est obligé de tenir le jarret tendu pour éviter les atteintes de la lame. Sur une table devant lui, se trouve un pain et une bouteille d'eau, mais la garde l'empêche d'y toucher; quand ses forces sont épuisées, il tombe sur le tranchant qui lui fait les plus cruelles blessures; il se relève, il retombe encore..... Ce supplice dure trois ou quatre jours.

Nous aimons à dire que ces jugemens sont étrangers à la colonie de la Martinique; mais leurs tribunaux ont les mêmes pouvoirs. Or, si l'on doit présumer qu'ils n'useront jamais du droit d'ordonner de pareils supplices, il est de l'honneur français d'abolir les peines arbitraires dans les colonies, comme dans la métropole. Déjà le conseil d'état du roi de France l'avait essayé, le 22 avril 1754, en cassant un arrêt du conseil supérieur de Saint-Domingue. Il faut aussi faire en sorte qu'on n'y applique plus des édits contre les sorciers, et des lois inconnues et sans aucune force légale comme celle de 1757, appliquée à *Bissette*, *Fabien et Volny*. (Arrêts du conseil, 6 juin 1763, 23 avril 1771.)

(1) Voyez les ordonnances de 1685, 1743, et surtout l'art. 48 de l'ordonnance anglaise du 1er novembre 1809, qui porte que dans tous les cas d'infraction, dont la peine n'est pas déterminée, elle sera fixée par le procureur du roi, de concert avec le gouverneur.

La partialité des Tribunaux de la colonie s'est montrée même vis-à-vis des intérêts de la métropole. Ainsi un conseil supérieur a jugé (le 7 juillet 1735) que les créanciers des colonies devaient être préférés à ceux de France. On sait assez comme ils déguisaient la connaissance qu'ils avaient de navires négriers , lorsque des contestations judiciaires venaient à s'ouvrir devant eux, entre les intéressés, ou même lorsque les gouverneurs leur dénonçaient des contraventions à l'une des lois qui honorent le plus le gouvernement de V. M. , celle relative à l'abolition de la traite.

Cette résistance n'existe plus, sans doute , mais cela prouve au moins que le gouvernement lui-même a peine à triompher de la ligue des intérêts coloniaux (1) soutenue par l'autorité des planteurs qui occupent toutes les places de magistrature.

On ne doit donc pas être étonné si les édits de 1642 et de 1685 sont restés sans exécution, relativement aux hommes de couleur libres.

Ces Chartes concédées à toujours , et même avec l'équitable promesse d'améliorations successives, veulent que les descendans des affranchis soient réputés *naturels français*, et jouissent de tous les avantages des autres sujets du royaume ; et la France est pour eux comme la terre promise ! ils ne peuvent venir y

---

(1) A une époque , le conseil supérieur du cap tint des registres secrets qui n'étaient pas déposés aux greffes. (Arrêts des 21 et 22 janvier 1773.) Ces arrêts furent cassés (13 et 18 avril 1776).

Ces conseils se sont refusés souvent à ce que leurs arrêts fussent déférés à la censure du conseil d'État , et ils ont fréquemment interdit les huissiers qui se permettaient de signifier de pareils recours. (9 septembre 1757, 12 juin 1776.)

Une dépêche ministérielle, du 27 juillet 1771 , a statué sur la difficulté qu'a faite celui de la Martinique , d'envoyer la procédure , avec le jugement rendu dans son ressort , sur une accusation d'assassinat.

jouir de la fortune acquise par leur industrie (1).
Lorsqu'ils en obtiennent la permission pour des affaires
graves, c'est à la charge de donner caution du retour (2). A cette époque, ils ne pouvaient pas même
quitter le quartier où ils étaient domiciliés, et vendre
leurs propriétés pour les transporter dans un autre,
sans une permission (3).

On a dit, dans un Mémoire d'instruction du 25 janvier 1765, que les Colons sont des planteurs libres
sur *un sol esclave*. Ce n'était pas dire assez, au moins
quant aux hommes de couleur libres ; ils sont esclaves
comme le sol lui-même.

L'édit de 1642 dit qu'ils sont capables de toutes
charges, *emplois publics* et *honneurs*; et, dans le
fait, si un homme de couleur était élu par un dépar-
tement membre de la Chambre des députés, ou si
V. M., pour des services éclatans rendus à l'Etat, éle-
vait quelqu'un d'eux à la pairie (chose qui ne serait pas
invraisemblable (4) ; car l'armée française compte au
rang de ses généraux, et le gouvernement, dit-on, au
nombre des ministres d'Etat, des hommes de couleur),
aucune exclusion ne pourrait les frapper ; ils siége-
raient au sein de la représentation nationale.

Eh bien! ces mêmes hommes, l'honneur de la mère-

---

(1) Arrêté du 13 brumaire an **X**, décision spéciale du 30 juin
1763.

(2) Ordonnances locales des 2 juin 1735, et 9 août 1777.

(3) Ordonnances locales des 30 avril et 25 août 1707. Le ministre, par une lettre du 7 septembre 1707, a dit qu'il n'ap-
partenait pas à l'autorité de rendre des ordonnances faisant loi
entre les habitans dans leur commerce. Malgré cette défense,
ordonnance du 4 mai 1711, qui défend aux habitans du quartier de Léogane de vendre leurs habitations sans permission.
Voy. aussi l'ordonnance du 8 mai 1714.

(4) Il paraît même qu'elle s'est plus d'une fois réalisée ; on cite
plusieurs pairs de France, et des ministres qui sont des *sangs-
mélés*. Notre célèbre peintre, M. Lethiers, et M. le général Roche,
qui a gagné tous ses grades sur le champ de bataille, sont des
hommes de couleur.

patrie, seraient dans nos colonies soumis aux distinctions les plus humiliantes; ils y sont déclarés incapables
de noblesse (décision du 7 janvier 1767). Il leur est défendu de prendre la qualification de monsieur ou ma-
dame. (Arrêt du conseil supérieur du 6 novembre
1781.) Il leur est défendu, à peine de perdre la liberté, de porter des soiries et dentelles, et même des
chapeaux. (Réglement local du 4 juin 1720) (1).

Une décision du 7 décembre 1723 les déclare, contre
le texte formel de l'édit de 1685, incapables d'exercer

---

(1) C'est, dit un autre réglement des administrateurs de
Saint-Domingue, du 9 février 1779, « c'est l'assimilation des
gens de couleur avec les personnes blanches, dans la manière
de se vêtir, le rapprochement des distances d'une espèce à l'autre, dans la forme des habillemens, les parures éclatantes et
dispendieuses, l'arrogance qui en est quelquefois la suite, le
scandale qui l'accompagne toujours, contre lesquels il est important d'exciter la vigilance de la police. » En conséquence,
arrêté en trois articles ainsi conçu :

« Art. 1er. Enjoignons à tous gens de couleur, ingénus ou
» affranchis, de l'un ou de l'autre sexe, de porter le plus grand
» respect, non-seulement à leurs anciens maîtres, mais à tous
» les blancs en général, à peine d'être poursuivis extraordinai-
» rement si le cas y échet, et punis selon la rigueur des ordon-
» nances, même par la perte de la liberté, si le manquement
» le mérite.

» 2. Leur défendons très-expressément d'affecter dans leurs
» vêtemens, coiffures, habillemens ou parure, une assimilation
» répréhensible avec la manière de se mettre des hommes blancs
» ou femmes blanches. Leur ordonnons de conserver les mar-
» ques qui ont servi jusqu'à présent de caractère distinctif dans
» la forme desdits habillemens et coiffures, sous les peines por-
» tées en l'article ci-après.

» 3. Leur défendons pareillement tous objets de luxe dans leur
» extérieur, incompatibles avec la simplicité de leurs condition
» et origine, à peine d'y être pourvu sur-le-champ, soit par
» voie de police, ou autrement, par les officiers des lieux, et ce,
» tant par emprisonnement de leurs personnes, que confisca-
» tion desdits objets de luxe, sans préjudice de plus forte peine,
» en cas de récidive et de désobéissance, ce que nous commet-
» tons à la prudence desdits juges, sauf l'appel au conseil supé-
» rieur du ressort. »

aucunes charges dans la judicature ni dans les milices. On les flétrit, non-seulement dans le langage des privilégiés, mais encore dans les actes officiels, et même dans les lois coloniales, du titre de *sangs-mêlés ;* et ce qu'il y a d'incroyable, c'est qu'au lieu de favoriser le mélange des castes pour affaiblir cet intolérable préjugé, on est allé jusqu'à prohiber l'union des sexes et le séjour en France des hommes de couleur (1), comme si le sang d'un homme libre n'était pas toujours pur, et comme si ce que la Divinité tolère et protège sous le climat du nouveau et même de l'ancien monde, ne pouvait exister en Europe !

Un arrêt du conseil supérieur, du 18 février 1761, défend aux gens de couleur de s'assembler dans les églises et de catéchiser dans leurs maisons et habitations, à peine du fouet. Une ordonnance locale, du 9 février 1765, leur défend de s'assembler sous prétexte de noces, festins ou danses, à peine de 300 livres d'amende et de la perte de la liberté, même de plus graves peines s'il y échet.

Une autre ordonnance, du 11 mai 1785, leur défend de danser la nuit, et même le jour, sans la permission des officiers de l'administration.

Tous ces réglemens ont été renouvelés par un gouverneur anglais, le 1er novembre 1809. *Ils sont en vigueur.*

Une ordonnance des administrateurs, du 14 juin 1773, plusieurs fois renouvelée, leur a défendu de faire baptiser leurs enfans sous d'autres noms que ceux tirés de l'idiôme africain, ou de leur métier et couleur, avec injonction de ne jamais prendre le nom de familles blanches.

Même dans l'application des peines, il existe une partialité déplorable. Une décision du 13 mars 1778, ordonne la publication d'un arrêt du conseil supérieur de l'Ile-de-France, qui avait condamné un

---

(1) Décision ministérielle du 20 juillet 1807.

homme de couleur à être pendu, pour injures et attentât prémédité contre un blanc, et ce, dit le ministre, afin de servir d'exemple et maintenir ces hommes dans la subordination.

Cette publication était inutile ; car dès le 22 janvier 1767, le conseil supérieur avait condamné un mulâtre à être fouetté, marqué et privé de sa liberté pendant un temps indéterminé pour avoir battu un blanc. Lorsque ce sont les blancs qui excèdent de coups les mulâtres libres, on les condamne seulement à 300 livres d'amende. (Arrêt du conseil supérieur du 21 octobre 1783.)

Un autre arrêt du même conseil, du 9 juin 1780, a condamné deux femmes de couleur, libres, à être exposées au carcan avec cet écriteau : « Mulâtresses insolentes envers les femmes blanches. »

17 juillet 1783, arrêt du même conseil, qui condamne des mulâtres libres au carcan et au bannissement, pour avoir donné à jouer à des gens de couleur *libres*.

Arrêt du conseil supérieur du 22 octobre 1783, qui condamne un mulâtre aux galères pour avoir, sur le grand chemin, levé la main contre le sieur Gauthier, qui avait cherché à arracher de ses mains la négresse Ursule.

Un gouverneur anglais a osé dire, dans cet arrêté de 1809, qui a encore force de loi dans la colonie, et qui a été évidemment dicté par les préjugés de caste :

« Les gens de couleur libres savent qu'ils sont des
» affranchis ou des descendans d'affranchis, et qu'à
» quelque distance qu'ils soient de leur origine, rien
» ne peut les rendre égaux aux blancs, ni leur faire
» oublier le respect qu'ils leur doivent. »

Quelle distance entre le style injurieux de ce réglement et le noble langage des édits de Louis XIII et de Louis XIV ?

Quoi ! parce que les ancêtres de ces hommes libres auront été achetés par suite d'un trafic réprouvé par la religion, par l'humanité, par le droit naturel, leur postérité tout entière sera réduite à un état de dégradation légale, et les blancs s'autoriseront du crime de leurs pères pour faire à jamais peser le sceau de la réprobation sur les enfans de leurs victimes !

Le grand roi veut que le *mérite d'une liberté acquise, produise, tant pour leurs personnes que pour leurs biens, les mêmes effets que le bonheur de la liberté naturelle !*

Et un arrêt du conseil supérieur, du 9 mai 1765, défend aux notaires et avoués de les employer comme clercs dans leurs études, parce que, dit cet arrêt, « des fonctions de cette espèce ne peuvent être con- » fiées qu'à des personnes dont la probité soit recon- » nue, ce qu'on ne peut présumer se rencontrer dans » une naissance aussi vile que celle d'un mulâtre. » Comme si la probité était le partage exclusif des blancs, surtout des Européens qui vont chercher fortune aux colonies, et comme si l'on n'avait pas vu (et là seulement) des magistrats condamnés pour avoir vendu leur crédit (1)! Comme si beaucoup d'autres n'avaient pas été mis en jugement, et plusieurs rappelés comme suspects de favoriser sous main la traite des nègres !

N'y a-t-il pas au fort royal de la Martinique un procureur du roi qui, par suite des nombreux procès que d'anciennes gestions lui ont suscités, passe quelquefois plusieurs mois sans pouvoir paraître au tribunal ? À l'égard de ses procès, on ne peut trouver des juges pour les décider, parce que les magistrats sont en petit nombre, et que les avoués qui les suppléent, ont presque tous occupé contre lui.

Une dépêche de M. le comte de La Luzerne, du

---

(1) Arrêt du 5 mars 1811, contre le procureur du Roi à la Pointre-à-Pitre (Guadeloupe). En jugeant ce magistrat prévaricateur, on a du moins observé des formes qui ont été violées à l'égard de *Bissette, Fabien, Volny*, etc.

3 juillet 1788, a ordonné aux administrateurs de la Guadeloupe de mettre fin à l'avidité des juges, qui imposaient alors des taxes exorbitantes, et s'attribuaient la plus grande partie du produit des confiscations. Votre Majesté, en abolissant la confiscation, et en mettant fin à la vénalité de la justice, a fait cesser les plus crians de ces abus.

Il est défendu aux blancs d'épouser des filles de sang-mêlé(1); ni la jeunesse, ni la beauté, ni les vertus ne trouvent grâce devant ce détestable préjugé; on a même décidé que les nobles qui se seraient ainsi mésalliés(2) seraient privés de leurs priviléges de noblesse, et ordre a été donné au conseil supérieur de ne pas les enregistrer. (Décision du 26 décembre 1705, enregistré le 13 novembre 1704.)

Un arrêt du conseil supérieur, du 3 juillet 1719, a

---

(1) Réglement spécial de mars 1724. Décisions des 7 décembre 1723 et 25 septembre 1774. Les mariages ont été interdits, même en France ; arrêt du conseil supérieur du 5 avril 1778. Cependant, et comme la raison prévaut toujours sur les dérogations à la loi naturelle, un arrêt du 2 mai 1746 a ordonné de passer outre au mariage d'un blanc et d'une mulâtresse libre, à peine, contre le curé, de la saisie de son temporel.

Un ministre de Louis XV a écrit en 1771 (27 mai) que cette prohibition avait pour but de ne pas affaiblir *l'état d'humiliation attaché à l'espèce des hommes de couleur, dans quelque degré que ce soit, etc.*, prêtant à la majesté royale un langage indigne d'elle, et que toutes les ordonnances de nos rois désavouent. Ce ministre a osé dire que le gouvernement maintiendrait à jamais le principe qui doit écarter les gens de couleur et leur postérité de tous les avantages des blancs ; en conséquence de ces principes, ce ministre a cassé le marquis de........., capitaine de dragons, qui avait épousé, en France, une fille de sang-mêlé. Un autre ministre en 1807, a interdit aux officiers de l'état civil de célébrer de pareils mariages, et peut-être faudrait-il recourir à des formalités judiciaires, pour contraindre les officiers de l'état civil, qui refuseraient

(2) Arrêt du conseil supérieur, du 23 octobre 1783, qui maintient un sieur Reculé dans l'état et profession de blanc *non-mésallié*, et lui accorde une réparation de la part de celui qui l'avait appelé un *quarteron libre*.

destitué un tuteur pour avoir voulu marier sa pupille d'une manière non sortable , et a confié cette tutelle au procureur-général *qui l'avait demandée.* Un autre arrêt du 14 octobre 1726 a ôté à un mulâtre la tutelle d'une créole , *attendu sa condition.*

Une ordonnance du 17 avril 1762, a été jusqu'à défendre , sous peine de 1000 fr. d'amende (apparemment dans une famine), aux boulangers, de vendre du pain aux gens de couleur , et aux capitaines des bâtimens du commerce, de leur céder des farines sous les mêmes peines, *avant que les blancs fussent approvisionnés.*

L'édit de Louis XIV déclare les hommes de couleur libres capables toutes successions et donations; et par un arrêté colonial (1) du 6 brumaire an XIII, art. 3, qui a fait revivre une ordonnance du 5 février 1726 (laquelle était temporaire), ils ont été privés de cette capacité , qui est purement de droit civil. Il en résulte que des enfans de couleur sont exhérédés de la succession de leur père au profit de collatéraux au douzième degré, parce que ceux-ci sont blancs. Ainsi ce préjugé étouffe le cri de la nature (2) et tous les devoirs de la paternité.

Il semblerait que tous les enfans naturels devraient être rangés sur un pied égal; eh bien! ceux qui sont blancs succèdent à leur père ; ceux qui

----

(1) Il en est de même à la Guadeloupe. Arrêté du 7 brumaire an XIV , sur la publication du Code civil.

(2) L'un des déportés, le sieur Louis Anaclet, est porteur de pièces qui prouvent qu'un blanc, après avoir acheté la liberté d'un enfant naturel , ayant gardé ce titre pardevers lui , revendit sept ans après ce fils à M. Lagende de Saint-Pierre , comme esclave, et céda le titre de liberté, au sieur Anaclet, dont parla même, à défaut d'identité suffisante , la liberté n'est pas garantie. Araclet ne doit, dit-on, sa déportation, qu'à cette circonstance particulière, parce qu'averti de son état précaire , il menaçait de se pourvoir devant le gouverneur contre la fraude de son vendeur.

doivent la vie à des négresses, sont exclus de toute participation à l'hérédité : on ne peut pas les reconnaître, et tous les fidéicommis qui ont pour but de leur assurer des moyens d'existence, sont annulés : par-là, les blancs se sont placés dans le cas de se livrer sans contrainte au libertinage, et de ne pas même en supporter les charges.

On a poussé la naïveté jusqu'à dire, dans un réglement colonial du 12 mars 1806, que s'il y a des inconvéniens, à ce que les blancs puissent faire des libéralités aux affranchis et à leurs descendans, « il » n'y en a aucun à ce que ces derniers en exercent » envers les blancs; que c'est même fournir à ces » affranchis les moyens d'acquitter les devoirs de la » reconnaissance à l'égard de leurs patrons ou au- » tres, en leur permettant de rapporter le bienfait » à sa source. »

L'intention de ces réglemens odieux et tyranniques est évidente : on ne veut pas que les hommes de couleur libres deviennent propriétaires (1).

L'art. 6 d'un arrêté du 5 vendémiaire an XI, renouvelé du réglement du 6 novembre 1781 (art. 16), et d'un acte du 30 avril 1764, et confirmé lui-même par l'article 7 du réglement anglais du 1er novembre 1809, leur interdit l'exercice de la médecine, de la chirurgie et des autres arts libéraux. Pour terminer ce tableau de la situation des hommes de couleur, nous dirons qu'il ne leur suffit pas d'être réellement en possession de la liberté pour avoir droit d'en jouir. Ce n'est plus comme autrefois une présomption légale que l'on est né libre; une jurisprudence récente (2), oblige les hommes de couleur à justifier à des époques très-rapprochées de leurs titres de liberté

---

(1) L'aveu formel en est consigné dans un acte des magistrats de la Guadeloupe du 7 brumaire an XIV.

(2) La première sommation de ce genre, date du 7 juillet 1720.

et de celle de leurs enfans. Que répondraient les blancs, si ceux auxquels on conteste la liberté, les sommaient d'avoir à justifier eux-mêmes devant Dieu et devant les hommes de la légitimité de l'esclavage?

Qu'est-il arrivé? Que des hommes en possession de la liberté depuis un temps plus que suffisant pour acquérir la prescription, sont retombés dans l'esclavage. Un arrêt du conseil supérieur du Cap, du 17 février 1770, condamna un mulâtre à rentrer dans la servitude, après quarante ans de possession; son mariage était nul, et ses six enfans bâtards. Cet arrêt parut si odieux, que le gouverneur accorda la liberté à ce mulâtre, mais sans tirer à conséquence pour l'avenir. C'est un moyen de tenir les hommes de couleur dans la terreur et de les humilier.

Ne suffit-il que Dieu ait gravé sur la figure de l'homme sa dignité et sa liberté naturelle (1); et n'est-il pas affligeant, que ce soit au nom et dans l'intérêt d'un gouvernement, qui déclare par l'organe de ses ministres, que la traite est un crime, que l'on poursuive ainsi, sous le nom d'*épaves*, des malheureux que les anciennes lois coloniales elles-mêmes réputaient affranchis de droit à l'âge de vingt-un ans?

Le but de tous ces réglemens est évident; on a voulu leur ravir le plus précieux des biens, la liberté que Louis XIII et que Louis XIV croyaient leur avoir assurée pour toujours. Car, qu'est-ce qu'une *liberté* soumise à de telles restrictions? elle est quelquefois pire que l'esclavage; et dans le fait, il est certain que beaucoup d'hommes de couleur libres, pour obtenir le paiement leurs créances contre les blancs, et pour éviter de perpétuelles avanies, se mettent sous la protection (2) et se disent les esclaves des créoles qui quelquefois en ont cruellement abusé.

---

(1) *Os homini sublime dedit, cœlumque tueri*
Jussit, et erectos ad sidera tollere vultus. (OVIDE.)

(2) Dans tous les pays où il y a plusieurs castes, la législation

Qu'est-ce que la *liberté*, si on n'a pas les moyens de travailler librement pour vivre et pour élever sa famille, si l'on est exclus de toutes les professions lucratives, et si on ne peut utilement réclamer la protection des tribunaux? Qu'on juge par ce que les lois autorisent, et par le langage qu'elles tiennent à l'égard des hommes de couleur, de ce que doit être dans la pratique de la vie, la conduite des blancs à leur égard. Pour s'en faire une idée juste, il faudrait avoir vécu dans les Antilles.

Maintenant quels efforts d'industrie ne leur a-t-il pas fallu faire, pour sortir de l'état précaire où ils sont restés au sortir de l'affranchissement? Les blancs auraient volontiers consenti à leur laisser supporter la chaleur du jour, et le poids sans cesse renaissant des plus rudes travaux. Mais leur orgueil ne s'accoutumera jamais à voir un mulâtre sortir de la classe des artisans, se placer par sa bonne conduite, son intelligence et son industrie dans la classe supérieure, et donner de l'éducation à ses enfans.

Par les réglemens coloniaux, les arts mécaniques seuls étaient abandonnés aux hommes de couleur; mais les circonstances politiques des trente dernières années ayant fait tomber en désuétude ces réglemens que l'on fait revivre, les mulâtres se sont livrés à d'utiles spéculations; et aujourd'hui ils sont entrés dans la classe des propriétaires; ils se sont livrés au commerce extérieur: ils ont lié avec les principales maisons de la métropole et des autres États de l'Europe et de l'Amérique, des négociations également avantageuses pour les uns et pour les autres. Voilà la véritable conspiration dont

---

interdit aux hommes privilégiés de prêter leur nom à ceux de la caste inférieure. Dans nos établissemens de l'Inde, il est défendu aux gens à chapeau (les Européens) de se rendre cessionnaires de créances de propriétés, contre les naturels indiens, Maures ou chrétiens (Note sur l'arrêté du gouverneur général, M. le comte Dupuy, du 6 janvier 1819, au recueil complet des lois et des ordonnances, année 1820.)

ils se sont rendus coupables, et celle-là est permanente.

Les blancs s'indignent de les voir industrieux et riches, et c'est par des proscriptions qu'ils voudraient reconquérir leur ancienne supériorité.

Les planteurs s'aperçoivent que pendant qu'ils s'appauvrissent dans l'oisiveté d'une vie abandonnée tout entière aux jouissances, aux voluptés, leurs rivaux élevent à côté d'eux des établissemens dont ils peuvent être justement jaloux.

Mais, comme le dit une bouche royale, la métropole *qui a plus d'une fois réprimé les prétentions excessives des blancs, qui s'est plaint de leur insubordination peu corrigée, et quelquefois même soutenue par les gouverneurs* (1), adoptera-t-elle leurs vues intéressées ? Quel gouvernement serait assez ennemi de lui-même et de ses administrés, pour les punir de ce qu'ils sont bons pères de famille, sujets fidèles, négocians habiles, et de ce qu'ils enrichissent la colonie et la métropole par leurs spéculations ?

Chose incroyable, si on n'en avait donné l'explication ! Plus la population des hommes de couleur augmente et s'améliore physiquement et moralement, plus le préjugé semble acquérir de force et d'empire ; c'est une preuve que ce préjugé est hypocrite. Les blancs eux-mêmes ne croient pas à l'infériorité des hommes de couleur, et c'est pour cela qu'ils craignent tant qu'on expose aux yeux du père commun des Français, le tableau des vexations autorisées par la législation locale.

On craint que V. M., suivant les traces de ses augustes prédécesseurs, ne fasse, par un acte de sa volonté souveraine, disparaître ces abus, en rappelant les édits de 1642 et de 1685 à toute leur vigueur.

Ce n'est pas que nous prétendions que tous les blancs qui résident aux colonies partagent ces cruels préjugés, qu'ils approuvent l'état d'humiliation où

---

(1) Louis XV, mémoire d'instruction du 25 janvier 1765.

sont placés les hommes de couleur. A Dieu ne plaise ;
il en est parmi eux , et ce sont les plus considérés (1)
et les plus éclairés , qui appellent de tous leurs vœux
un autre ordre de choses. Ils sentent qu'un système
colonial établi sur une législation aussi vicieuse, ne
peut amener que des catastrophes et l'anéantissement
de la prospérité des colonies.

Mais pour mettre un terme à ces abus , il ne suffit
pas de faire des déclarations de principes. Vainement
on donnerait acte , comme on l'a fait le 24 novembre 1768, à M. le prince de Rohan , gouverneur de
Saint-Domingue , de ce qu'il a dit que les affranchis
sont toujours sous la protection des lois , et que les
gens de couleur seront traités comme les autres sujets de S. M. dans la colonie ; vainement aussi on pu-
blierait de nouveau les édits de 1642 et 1685. Qu'a
produit l'ordonnance du 22 novembre 1819 ? Rien ,
que d'exciter davantage l'animosité des créoles contre
les hommes de couleur ; car ils sentent très-bien que
le moment est venu d'organiser définitivement les
colonies.

Les hommes de couleur sont et ils resteront hors
la loi ; les promesses les plus augustes seront éludées ,
les lois les plus solennelles violées , tant que leurs
droits ne seront pas garantis par des institutions.

Ce qui s'est passé nous révèle une grande vérité

---

(1) On cite dans le nombre M. *Dubuc-Duferret*, capitaine de
frégate en retraite, et chevalier de Saint-Louis ; M. *Dugué*,
propriétaire , membre du comité consultatif, commandant du
sixième bataillon de la garde nationale ; M. *Desfourneaux*,
propriétaire, chevalier de Saint-Louis, chef d'escadron de
dragons de la garde nationale ; Dubois-Morenel, propriétaire ,
chevalier de Saint-Louis ; Poney, négociant-commissionnaire
(*V.* les ouvrages de M. le marquis de Sainte-Croix , propriétaire d'habitation à la Martinique). Quant aux Européens, le
détail en serait trop long. Les hommes de couleur rendent
hommage aux principales autorités militaires et administratives, et en particulier à l'ordonnateur et au contrôleur général.

proclamée par un ministre d'Élisabeth (le chancelier *Bacon*), et long-temps avant lui, en 510, par un prince que l'on appelle un roi barbare (le grand *Théodoric*) ; c'est qu'il n'y a pas même de droits *civils*, là où il n'y a pas de droits politiques :

Jus privatum latet sub tutela juris publici.

Jura publica certissima sunt humanæ vitæ solatia, infirmorum auxilia, potentum fræna.

Ces institutions que l'on réclame ne sont pas celles de la révolution, mais celles octroyées par Louis XVI et par ses augustes prédécesseurs.

Il était digne d'un prince qui, à son avénement (1), prononçait ces belles paroles : « Que la distribution de la justice est le meilleur moyen dont un roi puisse se servir pour s'acquitter dignement de ses fonctions, » et qui, pendant toute la durée de son règne, a donné tant de preuves de son amour pour ses peuples, et de ses bonnes intentions (2), d'être aussi le restaurateur des colonies.

On lit dans le préambule de son édit du 27 juin 1787 :

« L'attention que le roi ne cesse de porter sur ses » possessions d'outre-mer, comme sur celles rappro-

---

(1) Lettre de cachet, du 10 mai 1774, adressée aux tribunaux des colonies.

(2) On ne sait pas communément que Louis XVI a introduit la liberté des cultes dans les colonies, par un Édit du mois de novembre 1788. En voici le préambule :

» Lorsque Louis XVI, de glorieuse mémoire, défendit l'exer- » cice public de toute autre religion que de la catholique, » l'espoir d'amener ses peuples à l'unité si désirable, soutenu » par des apparences de conversion, empêcha ce grand Roi » de suivre le plan qu'il avait formé pour constater leur état » civil.

» Notre justice et l'intérêt de notre royaume et de nos colo- » nies, ne nous permettent pas d'exclure plus long-temps des » droits de l'état civil ceux de nos sujets ou des étrangers do- » miciliés qui ne professent point la religion catholique.... » Nous ne devons plus souffrir que nos lois les punissent inu- » tilement du malheur de leur croyance, en les privant des » emplois que la nature ne cesse de réclamer en leur faveur. »

» chées, a fait connaître qu'il serait important de re-
» tenir sur le sol même des colonies, par l'attrait
» d'une administration sagement combinée, les pro-
» priétaires-cultivateurs qui n'aspirent que trop sou-
» vent à le quitter. S. M. a pensé que pour les atta-
» cher personnellement à la direction de leurs établis-
» semens, et procurer par-là, non-seulement de la
» stabilité à leurs fortunes, mais encore une plus
» grande extension aux richesses de la métropole, il
» importait que le gouvernement des colonies re-
» posât sur des principes constans, et fût moins
» exposé à la mobilité. »

A ces causes, le roi ordonne qu'il sera formé une
assemblée annuelle, composée du gouverneur, d'un
député *élu* par chaque paroisse, mais payant un cens
déterminé ; d'un député des propriétaires de maisons ;
l'assemblée est renouvelée tous les quatre ans ; le pouvoir de la dissoudre est donné au gouverneur ; elle
vote seule l'impôt ; elle s'occupe de toutes les ques-
tions de propriété intérieure, et de la réforme des
abus ; elle entend le compte des revenus de la percep-
tion ; un comité de l'assemblée représente les anciennes
chambres d'agriculture.

Voilà la Charte que l'auguste prédécesseur de V. M.
avait méditée et appropriée aux besoins de ses sujets
des colonies. Ce ne fut pas seulement une promesse,
cette Charte a reçu un commencement d'exécution ;
et parce que les gouvernemens éphémères qui se sont
succédés ont outré toutes choses et empêché que ce
sage établissement, si bien approprié aux localités,
se consolidât, pourquoi serait-il défendu aux habitans
des colonies, et aux hommes de couleur, en particulier, de faire des vœux pour être admis à jouir des
bienfaits de Louis XVI ? Comment de pareils vœux,
émis dans le sein des administrateurs nommés par
V. M., ou communiqués paisiblement dans des en-
tretiens particuliers, peuvent-ils être traités, dans

une dénonciation des créoles, de conspiration contre le salut de la colonie ?

Le gouvernement britannique n'a cru pouvoir rien faire de plus sage, que de mettre à exécution un système d'organisation politique, conforme à la Charte de Louis XVI. Pourquoi donc répudierait-on aujourd'hui son ouvrage ?

Les vœux de la population libre et industrieuse des colonies ne sont-ils pas légitimés aussi par la concession que V. M. a faite d'une Charte aux Français de la métropole, qui a pour premier principe l'égalité des droits, par l'allusion évidente et par les promesses consignées dans l'article 73 de cette Charte, et dans l'ordonnance du 22 novembre 1819 ?

Les habitans de la Martinique peuvent d'autant moins l'oublier, que la sollicitude paternelle de V. M. s'était manifestée d'une manière toute particulière à leur égard, par l'envoi d'un commissaire spécial, M. le baron de la Mardelle, dont la mission était d'organiser définitivement la colonie (1).

Les vœux des hommes de couleur seraient comblés si V. M. daignait, dans sa sagesse, ordonner de nouveau l'exécution des édits de 1642 et de 1685,

---

(1) Ce commissaire royal de justice fut très-mal accueilli par les Créoles en 1820. L'explosion de la fin de 1823, n'est que l'expression des sentimens qu'ils émettaient alors publiquement, et des menaces qu'ils faisaient de s'opposer, par la force, à l'introduction des améliorations promises au nom du monarque. Ce nom sacré ne fut pas un palladium suffisant contre les outrages répandus dans certains écrits, et contre les calomnies de toute espèce, vomies contre le commissaire royal, contre M. le commissaire général ordonnateur de Ricard, et contre tous les fonctionnaires qui n'ont pas l'esprit colonial. Les ministres de la religion eux-mêmes sont persécutés, s'ils croient devoir, dans l'intérêt de l'humanité, réclamer contre les barbaries dont les Créoles se rendent journellement coupables envers leurs esclaves. Nous en connaissons qui sont revenus en France, révoltés des injustices des blancs.

et surtout de l'ordonnance de 1787, émanée d'un prince dont le nom est resté si cher à l'Amérique.

Les hommes de couleur sont dignes, par leur dévouement au gouvernement de V. M., de ce grand bienfait ; ils doivent obtenir enfin un état civil solidement garanti par des institutions politiques.

Jamais aussi les circonstances ne furent plus impérieuses ni plus pressantes ; jamais la justice ne parla si haut en leur faveur.

Vainement leurs ennemis les accusent de conspirer; ils défient leurs accusateurs de prouver rien de ce qu'ils avancent. Aux sourdes accusations, dont on connaît le principe, les hommes de leur couleur peuvent opposer des faits récens et publics, qui prouvent leur attachement au bon ordre et à la mère-patrie.

Lors de l'insurrection du Carbet en 1822, au moment où la tranquillité de la colonie était compromise par des mouvemens dans la classe des esclaves, les hommes de couleur armés comme gardes nationales, prirent tous les armes et parvinrent, presque sans le secours des blancs, à apaiser la révolte.

Infortuné Bissette ! vous commandiez alors des compagnies de milice ; malheureux Fabien, vous exposiez votre vie pour protéger la vie et la propriété des blancs! vous ne vous attendiez guère à la récompense qui vous était réservée.

A l'époque de l'annonce de la guerre d'Espagne, voici ce qu'ils écrivirent spontanément, le 15 mai 1823 au gouverneur, tandis que les créoles gardaient le silence,

« Les hommes de couleur, libres, de la Martinique
» viennent renouveler les sentimens qu'ils ont toujours
» jours manifestés, dans toutes les circonstances à
» V. Ex. :
» Ils viennent du fond de leur cœur protester de
» cette constante et inébranlable fidélité qui caractérise si éminemment les fidèles sujets du roi ; ils vien-
» nent faire l'engagement solennel de leur amour et

» de leur attachement sans bornes au digne et respec-
» table représentant de S. M. sous le gouvernement
» duquel ils ont le bonheur de vivre.

» Ils croient de leur devoir de saisir l'occasion
» où des bruits de guerre semblent prendre consis-
» tance, pour exprimer les sentimens dont ils sont
» animés pour la défense de la colonie ; si l'ennemi
» osait y mettre un pied hostile, leur dévoûment, en
» cette circonstance, n'en est pas moins pour V. Ex.,
» et quels que soient d'ailleurs les événemens,
» V. Ex. peut compter et se reposer sur le zèle,
» la loyauté et le courage de cette grande partie de la
» colonie, qui se fera toujours un devoir de défendre
» les intérêts de S. M., comme de soutenir de toutes
» leurs forces son représentant dans la colonie (1).

» Les hommes de couleur de la Martinique, dé-
» voués au gouvernement français, et constamment
» dirigés par l'honneur, demeureront toujours fermes
» et inébranlables dans ces résolutions; heureux pour
» eux, M. le gouverneur, si vous daignez les faire
» connaître à S. Ex. le ministre de la marine, pour
» les porter au pied du trône. Ils acquerront, par ce
» bienfait, un nouvel espoir que leur démarche
» près de vous n'a pas été vaine.

» Se référant à tout ce qu'ils ont fait relative-
» ment à leur état politique, ils viennent renou-
» veler leurs sollicitations avec la confiance que la
» comparaison faite par V. Ex. de leur dévoûment
» et de leur fidélité, à l'état d'abjection dans lequel
» ils gémissent, sera un puissant moyen de parvenir
» à l'amélioration qu'ils attendent de la justice de la
» métropole.

» Pleins de ce doux espoir, ils vous prient, M. le

---

(1) Allusion aux mouvemens séditieux de ceux qui se permettent de déporter les gouverneurs, ou qui menacent de prendre les armes, pour s'opposer à toute amélioration.

» gouverneur , d'agréer le dévoûment à toute
» épreuve pour votre personne, et le respectueux
» attachement avec lequel ils sont et seront toujours

  » de Votre Excellence, les très-humbles , etc. »

Qui le croirait ? qu'un pareil acte de dévoûment n'a pas été sans influence dans la condamnation prononcée le 12 janvier 1824, et que c'est un des griefs allégués contre plusieurs, d'avoir eu cette pièce parmi leurs papiers, ou d'en avoir été les rédacteurs ou distributeurs.

Ce n'est pas la seule occasion où les hommes de couleur aient montré leur attachement à la mère patrie; on ne les a jamais vus donner le lâche conseil d'ouvrir la colonie aux Anglais. Et cependant déshérités des avantages sociaux, quoiqu'ils supportent toutes les charges publiques, réduits à un état de dégradation légale, fait pour révolter les cœurs les plus indifférens, ils n'ont pas cherché à émigrer dans les îles, ou sur le continent voisin, qui leur tendent les bras, et qui s'enrichiraient de leur industrie et de leur fortune; tant l'amour de la patrie est fort dans ces âmes que l'on peint comme dégradées; tant ils ont d'attachement pour le sol qui les a vus naître, et où ils ont placé toutes leurs affections de famille et de fortune.

Les gouverneurs des diverses colonies savent qu'il n'y a pas de sujets plus dévoués et plus fidèles que les hommes de couleur (1).

Il était nécessaire d'entrer dans ces développemens avant d'arriver à l'exposé du malheureux événement qui force les supplians de recourir à la justice de V. M.; autrement on n'aurait pas eu la clef de la prétendue conspiration dénoncée par les créoles, et le conseil de V. M. ne serait pas péné-

______

(1) Tous les écrivains, et notamment M. le colonel Boyer de Peyreleau, en déposent.

tré, comme il le sera sans doute, de la nécessité de réparer l'iniquité dont ils sont victimes.

Nous nous proposons de démontrer dans ce mémoire, 1° Qu'il n'y a pas eu conspiration de la part des hommes de couleur ; mais de la part des blancs, contre l'autorité de V. M.

Et 2° que les plus hautes considérations de justice et de politique se réunissent pour que l'ordre du bannissement, arraché à M. le gouverneur de la Martinique, non-seulement ne soit pas confirmé par Votre Majesté, mais soit annulé par un acte public et éclatant de sa justice souveraine.

IIe PARTIE.

Faits particuliers de la Cause.

Nous avons, dans la première partie de ce mémoire, exposé l'état actuel des hommes de couleur dans les colonies, et particulièrement à la Martinique ; nos preuves ne sont pas appuyées sur des renseignemens vagues, dénaturés par la passion ; elles sont puisées dans le recueil officiel et authentique des lois et constitutions de la colonie.

Le tableau en serait plus complet si l'ouvrage de Moreau de Saint-Méry ne s'arrêtait à une époque voisine de la révolution (1786), et si le code particulier de la Martinique n'était interrompu depuis 1812. Mais ce qu'on peut affirmer, c'est que depuis la reprise de possession par les autorités françaises, le sort des hommes de couleur, bien loin d'avoir été amélioré, est devenu plus humiliant et plus précaire.

Les entraves qu'on avait mises au développement de l'industrie des hommes de couleur, quoique subsistantes toujours légalement, avaient cessé d'être appliquées rigoureusement sous l'administration intermédiaire, et ils en avaient profité pour élever des établissemens de commerce.

Les créoles n'ont pu voir, sans une extrême jalousie, un état de prospérité qui blesse autant leurs intérêts que leurs préjugés; et, pour l'arrêter, ils ont employé toute leur influence auprès des gouverneurs successifs de la colonie.

Tel était l'état des esprits, lorsqu'au mois de décembre 1823, une brochure de trente-deux pages d'impression, intitulée, *De la situation des gens de couleur libres aux Antilles françaises*, fut introduite, on ne sait par qui, dans la colonie.

Cette brochure, imprimée à Paris chez Maccarthy, déposée à la Direction de la librairie le 20 octobre 1823, distribuée aux membres des deux chambres, aux ministres de V. M., n'a été l'objet d'aucune poursuite, d'aucune censure; l'auteur en est connu, et il n'en décline pas la responsabilité.

Rédigée dans des termes mesurés et respectueux envers V. M. et son gouvernement, elle ne fait connaître qu'imparfaitement les vices de la législation locale; et quant aux faits qu'elle signale, elle est restée bien loin de la vérité.

Les blancs ayant eu connaissance de l'arrivée de cette brochure, dénoncèrent son introduction aux autorités administratives et judiciaires comme une *conspiration*.

Si cette brochure eût été criminelle, la seule chose à faire était d'en ordonner la saisie, de la déférer aux tribunaux, et de la faire condamner comme séditieuse; l'absence de l'auteur n'était pas un obstacle.

Une fois condamnée et supprimée, il eût été légal et régulier d'en poursuivre les distributeurs; jusques-là, la réception et la distribution de cet écrit, était un fait innocent qu'aucune loi ne pouvait atteindre, ainsi qu'on le démontrera bientôt; mais on voulait une conspiration.

Voici en quels termes cette dénonciation clandestine fut faite, et l'on jugera par le ton menaçant qui y règne, qui, des dénonciateurs ou des victimes, a

conspiré contre l'ordre établi, et contre le gouvernement du Roi.

Décembre 1823.

Monsieur le général,

« Depuis quelques jours, des bruits alarmans se
» répandent dans cette colonie; nous paraissons me-
» nacés d'une commotion prochaine. Dans cette
» circonstance, nous croirions manquer au Roi, à
» notre pays et à nous-mêmes, M. le Général, si
» nous hésitions à faire connaître à V. Exc. les causes
» de l'agitation qui se manifeste.
» Les mulâtres (1) *Mont-Louis Thebia* et *J. Éri-
» ché*, sont arrivés depuis peu à la Martinique, de
» retour de France, où ils avaient demeuré plusieurs
» années. Leur retour a été suivi, ici près, de faits
» qui excitaient l'indignation des habitans de ce
» pays. L'insolence du mulâtre Léonce (2) a été
» punie; mais les distributeurs d'un libelle infâme,
» d'un écrit séditieux, le sont-ils? Plusieurs mulâtres
» ont été pris en flagrant délit, en contravention à
» la loi, et ont été relâchés à l'exception de trois.
» Ces derniers avaient, dit-on, déjà signé une
» adresse (3), pour le bouleversement de la colonie;

---

(1) Ces *mulâtres* sont des négocians propriétaires, qui ont
600,000 fr. de capitaux, et qui sont en relations intimes avec les
premières maisons de commerce de la capitale. Voy. ci-après
la note, p. 62.

(2) Léonce, négociant mulâtre, a été condamné à un mois de
prison et à 1,000 fr. d'amende, pour avoir eu *chez lui* une discussion avec *Beaudu* fils, négociant, au sujet de l'acquit d'une
traite, et avoir élevé des doutes sur la solvabilité de cette mai-
son. Les blancs se trouvèrent offensés en la personne de Baudu
fils. Ils parurent *armés* aux portes du tribunal, vociférant la
condamnation. Le tribunal, composé d'un seul juge, n'osa résister, et condamna Léonce comme mulâtre insolent. Il a été
depuis déporté. Ce jugement (du 4 décembre 1823) ne précède
que de huit jours les arrestations.

(3) Apparemment celle du 15 mai 1823.

» mais les autres étaient-ils moins coupables ? et si
» on leur eût donné le temps d'apposer leur signa —
» ture au bas de cette adresse, ne l'eussent-ils pas
» fait ; n'étaient-ils pas assemblés dans cette inten-
» tion ? Cette réunion, dans un pareil moment, n'in-
» diquerait-elle pas assez son but ?

» L'écrit que nous qualifions de séditieux, l'est
» sans doute, dans l'acception du mot ; il doit être
» poursuivi et puni comme tel. Les prétentions que
» les mulâtres y exposent, et les demandes qu'ils
» ont faites, sont combattues et rejetées par toutes
» les lois (1) et ordonnances qui régissent les colonies.
» Nous demandons avant eux, M. le Général, que
» ces lois et ordonnances soient maintenues, et les
» habitans de la Martinique sont prêts à seconder de
» tous leurs moyens, les mesures que V. Exc. sera
» dans le cas de prendre, pour faire rentrer dans
» le rang qu'elles ont assigné, ceux qui veulent s'en
» écarter. Les blancs ne consentiront jamais à se
» voir les égaux d'hommes qui, comme la plus
» grande partie des mulâtres, et même de ceux
» d'entre eux qui font le plus de bruit, ont des pa-
» rens très-proches dans nos ateliers (2).

» Nous savons, M. le Général, *que les mulâtres,*
» *en général, resteront tranquilles ; ils connaissent*
» *trop bien l'insuffisance de leurs moyens ; ils savent*
» *que le gouvernement du Roi ne souffrira jamais*
» *que le système établi soit renversé ; mais si le*
» grand nombre est raisonnable, on ne peut pas se
» dissimuler que beaucoup d'entre eux, séduits par
» les chimères qu'on leur propose, peuvent être
» égarés au point de troubler la tranquillité de la
» colonie.

---

(1) Serait-ce par hasard les ordonnances de Louis XIII, de
Louis XIV et de Louis XVI ? non ; les ordonnances coloniales ?
Cela peut être.

(2) *Atelier*, réunion des nègres esclaves d'une habitation.

» C'est entre vos mains, M. le Général, que le
» Roi a mis son autorité; vous n'êtes seulement pas
» administrateur, vous êtes aussi, et avant tout, gou-
» verneur. C'est de vous seul que dépend la tran-
» quillité publique, et c'est vous qui en êtes respon-
» sable; c'est vous qui répondrez au Roi, et à la
» colonie, des malheurs partiels qui pourraient ar-
» river.

» Nous devons ajouter, pour faire connaître à
» V. Exc. l'opinion entière des habitans, qu'ils at-
» tribuent ce qui arrive aujourd'hui aux idées
» négrophiles (1), et à la conduite de plusieurs per-
» sonnes qui entourent V. Exc. et qui se sont attiré
» l'animadversion de la colonie.

» Il est des hommes qui, depuis cinq à six ans,
» semblent prendre à tâche d'émettre des opinions
» extrêmement contraires au système colonial; il
» n'est pas étonnant que ces hommes placés en évi-
» dence, auprès du gouvernement, aient d'abord
» perverti les esclaves, et ensuite les mulâtres libres.
» C'est à eux que nous avons dû, l'année dernière,
» la révolte des esclaves du Mont-Carbet, et c'est à
» eux que nous devons la manifestation des pré-
» tentions des mulâtres; ceux-ci, nous le savons,
» ont l'audace de s'étayer de votre nom, et de se
» vanter de l'appui des personnes que nous venons
» de désigner. Mais quelles que soient les menées
» et les intrigues des uns et des autres, nous devons
» dire à V. Exc. que les habitans de la Martinique
» sont unanimement décidés à *maintenir* et *défendre*,
» à quelque prix que ce soit, l'état actuel de la légis-
» lation, et à ne jamais laisser porter aucune atteinte
» aux réglemens coloniaux. Si le gouvernement avait
» un jour le projet d'y faire quelques changemens,
» nous prions V, Exc. d'être notre organe auprès
» de lui, et *de lui faire bien comprendre* que comme

____

(1) c'est-à-dire philanthropiques.

» il y va de l'existence de nos femmes et de nos en-
» fans, *nous sommes fermement résolus à n'admettre*
» *aucune modification.*

» Nous demandons à V. Exc. le maintien pur
» et simple des lois et ordonnances coloniales,
» et que V. Exc. veuille bien donner des ordres
» pour qu'elles soient à l'avenir exactement main-
» tenues. Pour peu qu'on s'en écarte, l'édifice
» colonial est attaqué, et les habitans ayant pris la
» ferme résolution de se défendre, s'ils succombent
» la colonie sera perdue pour la France; et qui en
» sera cause ?

» Nous sommes avec respect, etc, etc., etc.

» *Signé* FORTIER, au nom de tous les habitans de
» la Basse-Pointe, et commissaire de la paroisse
» de B.....; de Brettevel, pour les habitans de la
» paroisse de Macouba; la S... Dufond, commissaire
» de la paroisse de la Grande-Anse. »

Ainsi les signataires ne se contentent point d'é-
veiller la sollicitude des autorités sur un fait qu'ils
ont jugé importer à la tranquillité de la colonie; ils
présentent une pétition *collective;* ils ne parlent pas
en leur nom personnel, mais en celui des paroisses
de Macouba, de la Basse-Pointe et de la Grande-
Anse ; ils s'intitulent commissaires, ce qui suppose
des réunions, des assemblées clandestines, des résolutions prises en commun, sans autorisation des
autorités; et, en effet, il y en a eu avant et après,
et ce n'est pas la première fois. En 1819, il y eut aussi
des assemblées illicites dans toutes les paroisses, à
l'occasion de l'annonce de l'arrivée du commissaire
de justice (*M. le baron de la Mardelle*).

Ils portent leur audace jusqu'à dénoncer les autorités elles-mêmes ; les personnes qui exercent sous
les ordres de l'administrateur, les pouvoirs de V.
M. ; que dis-je ! ils accusent le gouverneur lui-
même. Ils le menacent d'une responsabilité terrible,
s'il n'obéit pas à leurs injonctions.

Enfin, ils ne craignent pas d'avancer qu'ils sont fermement résolus à n'admettre jamais aucune *modification* aux réglemens coloniaux, relative à l'état des hommes de couleur ; oubliant sans doute que ces réglemens sont l'ouvrage de leur caste , et qu'ils sont un monument de rebellion envers l'antorité législative des augustes prédécesseurs de V. M.

Que dis-je ! c'est envers l'autorité suprême de V. M. elle-même qu'ils se déclarent.

Si donc V. M. voulait l'exécution des ordonnances de 1642 , 1685 et 1787 ; si réalisant , dans sa haute sagesse , les promesses consignées dans la Charte, et réitérées dans son ordonnance du 22 novembre 1819 , elle croyait devoir , non pas donner aux hommes de couleur un nouvel état civil et politique, mais leur rendre celui qu'ils n'auraient jamais dû perdre , les orgueilleux colons se mettront en insurrection contre la volonté de V. M.; ce sont eux qui le disent. Ils sont fermement résolus à maintenir et défendre , à quelque prix que ce soit, le code obscur et tyrannique qui s'est formé loin des yeux et à l'insu du gouvernement royal.

Un langage aussi criminel ne dénote-t-il pas une conspiration véritable de la part des créoles ?

Sans doute il est plutôt fait pour inspirer une indulgente pitié que la sévérité de V. M.

L'honorable M. *Canning*, dénonçant au parlement d'Angleterre (séance de la chambre des communes, du 17 mars 1824) l'opposition des colons de la Jamaïque, aux mesures bienfaisantes de la métropole, envers la population esclave , a dit, dans une occasion toute semblable :

« Si le gouvernement avait pu en éprouver quelque
» courroux , cette conduite ne manquerait pas d'of-
» frir des motifs pour recourir à des mesures de ri-
» gueur. Mais l'emploi de la force réduirait les co-
» lons rebelles en atômes... Ces mesures n'obtiendront
» pas la gloire d'une querelle. Je ne veux pas les ad-

» mettre à l'honneur de la lutte. *Quos ego...... sed*
» *motos præstat componere fluctus.* Une insurrec-
» tion pour la liberté du fouet et pour le maintien d'un
» privilége ! En ne sévissant pas contre eux , mais
» en accordant aux opprimés une bonne justice et
» des garanties pour l'avenir , les colons quitteront
» ce langage hautain, et retomberont dans *l'escla-*
» *vage de la raison* »

Il eût été digne de la fermeté de caractère et de
l'honorable réputation dont jouit M. le général Donzelot de répondre sur ce ton.

Mais dans l'ignorance où nous sommes des circonstances qui l'environnent , gardons-nous de l'accuser.

Suspect lui-même aux yeux des colons , il a cru
peut-être plus prudent de céder pour un moment à
l'orage , en se réservant de faire connaître à V. M.
les véritables causes du triste événement qui nous
occupe , et d'en solliciter lui-même la réparation.

Qui nous dit qu'il n'est pas notre plus zélé défen-
seur aux pieds du trône de V. M.? Puisque l'ordre de
bannissement dont nous nous plaignons, lui a été
imposé, nous sommes autorisés à croire et à dire
que la proclamation du 20 décembre 1823 , adressée
à MM. les commandans des bataillons de milices, et
aux commissaires – commandans des paroisses, n'est
pas de lui.

Voici les termes de cette proclamation :

« Quelques agitateurs se sont emparés d'une classe
» crédule et peu éclairée, pour la pousser au désordre
» par l'espoir d'un changement prochain dans la lé-
» gislation politique des colonies. Des pamphlets,
» distribués clandestinement, ont trahi de coupables
» vœux, et produit le déplorable effet d'enflammer
» les esprits de toutes les classes de la population.

» Que tous les habitans de la Martinique soient
» convaincus que je saurai maintenir l'ordre et la
» tranquillité.

» La législation établie est l'ouvrage des rois, pré-
» décesseurs de notre bien-aimé Monarque; chacun
» y doit obéissance et respect ; et, moi, je l'appuierai
» de tout mon pouvoir.

» S. M., seule, a le droit d'y apporter des modi-
» fications.

» Mais elle veut le bonheur et la prospérité de tous
» ses sujets; aussi ne consacrera-t-elle que ce qu'une
» sage expérience aura prouvé être convenable et né-
» cessaire à l'accomplissement de ce double but.

» Je ferai poursuivre avec la dernière rigueur les
» perturbateurs, et particulièrement ceux qui, par
» de sourdes manœuvres ou des libelles séditieux,
» tenteraient d'inquiéter ou de remuer les esprits.

» Je ne doute pas que vous continuiez à exercer
» une active surveillance, et que vous ne vous em-
» pressiez de m'informer de ce qui peut intéresser la
» tranquillité publique.

» Je vous invite à m'accuser réception de la pré-
» sente lettre.

» Recevez, M. le commandant, l'assurance de ma
» considération distinguée,

» Le lieutenant-général gouverneur et administra-
» teur pour le roi,

» *Signé* Donzelot. »

Il est évident que cet acte a été dicté tout entier
par l'esprit colonial. Comment, en effet, un administrateur aussi instruit que M. Donzelot, aurait-il pu
dire que la législation relative à la position actuelle
des hommes de couleur était l'ouvrage des rois, prédécesseurs de V. M., lorsque, au contraire, elle en
est la destruction ?

Sans doute V. M. a seule droit d'y apporter des
modifications; mais M. le gouverneur doit ignorer
moins que personne, que les réglemens de ses prédécesseurs, anglais ou autres, et les arrêts des conseils
supérieurs n'ont jamais pu prévaloir sur les actes
émanés de l'autorité royale.

D'ailleurs, dans quel pays est-il défendu de demander des améliorations au souverain, par des suppliques respectueuses? M. le gouverneur, lui-même, ne s'est-il pas rendu l'organe des hommes de couleur, sur ce point? n'a-t-il pas reçu avec indulgence et bonté les adresses qui lui ont été remises ?

C'est parce que V. M. veut le bonheur et la prospérité de tous ses sujets, qu'elle a besoin d'être éclairée, et qu'il faut que toutes les réclamations parviennent jusqu'au trône, afin qu'elle les juge dans sa haute sagesse.

Tout administrateur qui empêcherait l'émission de pareils vœux, serait coupable envers son roi et envers son pays.

Quoi qu'il en soit, la publication de cette proclamation a été funeste aux hommes de couleur.

Elle donnait créance à l'existence d'une conspiration. Il ne s'agissait plus, pour les blancs, que de la consacrer par un acte judiciaire. Rien n'était plus facile. Les juges de la colonie sont des créoles; ils partagent les préjugés de leur caste. Qui sait de quelles sollicitations, et par quelles menaces ils ont été conduits à rendre l'arrêt qui a frappé tant de malheureux !

Dès le 12 décembre 1823, une perquisition avait été ordonnée. Il semblait qu'elle devait être dirigée contre MM. *Mont-Louis Thebia* et Joseph *Eriché*, arrivés récemment de France, et nominativement dénoncés par l'adresse que nous venons de transcrire; il paraît qu'on leur réservait le privilége d'être déportés sans jugement, de peur que dans leur défense ils ne fissent entendre les espérances que leur séjour dans la métropole a dû leur donner, et qu'ils n'en appelassent à la justice directe de V. M. et de son gouvernement. Les blancs, qui sentent que les *députés* des chambres d'agriculture, qui résident à Paris, et reçoivent un traitement sur le trésor de la colonie, ne sont que leurs représentans et non ceux de la colonie , désignaient ironiquement MM. *Thebia et Eriché comme les députés des hommes de couleur.*

La descente de justice se fit chez M. Bissette, négociant au Fort-Royal. Ce propriétaire avait, aux yeux des créoles , le tort irrémissible d'avoir été rédacteur de plusieurs pétitions adressées par les hommes de couleur à M. le gouverneur de la colonie, à S. Exc. le ministre de la marine, et d'un projet d'adresse à V. M.

Il était aussi rédacteur de l'adresse faite au sujet de la guerre d'Espagne, à la date du 15 mai 1823.

C'en était assez, sans doute, pour être dénoncé comme chef de la prétendue conspiration.

On trouva chez lui deux exemplaires seulement de la brochure.

Cela suffirait pour prouver qu'il n'en était pas le dépositaire , ni le colporteur; les poursuites n'en furent pas moins continuées. Le 13, il fut cité à comparaître devant le tribunal de première instance, et depuis il n'a plus revu son domicile; cependant il ne fut décrété de prise de corps que le 27 mars; la signification fut antidatée et reportée au 16 , afin de pallier une incarcération illégale de plusieurs semaines.

Parmi les pièces saisies chez Bissette se trouve un projet d'adresse à la Chambre des députés, de la main de M. Fabien fils, son ami, propriétaire et négociant au Fort-Royal, et copie d'une lettre adressée au procureur du roi prise sur l'original qui aurait été, dit-on, décacheté (1).

Il n'en fallait pas davantage pour faire comprendre Fabien dans la poursuite criminelle. Il fut arrêté le 22 et interrogé.

Enfin, parmi les papiers de Bissette se trouvait une

______

(1) Le dénonciateur unique de ce fait, Joseph Anois, reçut un démenti public de son fils (Eudoxis), et il a été depuis arrêté.

autre feuille (1) avec cette épigraphe : *Salus populi supremâ lex esto*, qui n'était que la réfutation manuscrite d'une brochure publiée, sous le voile de l'anonyme, par M. *Richard de Lucy*, alors procureur-général de la Martinique.

Cette feuille contient copie d'un jugement extrêmement curieux, rendu le 11 mars 1822, contre M. Clavier, propriétaire, homme de couleur, pour avoir reçu ses amis le lundi gras. Ce jugement est rendu par application de l'ordonnance anglaise, du premier novembre 1809, et de l'ordonnance de police du 25 décembre 1783 ; cette brochure justifie l'honorable M. Lainé de Ville-l'Évêque de quelques attaques dirigées contre lui à l'occasion du beau discours sur les Colonies, prononcé par ce député, le 28 juin 1821 à la tribune nationale, discours *imprimé par ordre de la Chambre*.

Le manuscrit d'un tel ouvrage était évidemment séditieux ; et comme il se trouvait écrit de la main de Volny, marchand au Fort-Royal, celui-ci fut arrêté également le 22 décembre.

MM. Eugène Delphile, Frapart, Bellisle Duranto, et Joseph Dumil, propriétaires et négocians du Fort-Royal, furent impliqués dans la même procédure, pour avoir signé les adresses trouvées chez Bissette. M. Eugène Delphile était de plus accusé d'avoir tenu le propos séditieux suivant :

« Il n'arrivera rien de fâcheux à notre ami Bissette.
» Le gouverneur, le commandant militaire et l'or-
» donnateur de la colonie, se sont prononcés en sa
» faveur. »

5 janvier 1824. — Jugement qui condamne Bissette au bannissement perpétuel, Volny et Fabien fils à cinq ans, ordonne un plus ample informé à l'égard d'Eugène Delphile, et met hors de cause

____

(1) Elle a été imprimée à Paris, chez Richomme.

Bellisle Duranto, Joseph Dumil, et Joseph Frapart.

Il semblait que l'appel dût être réservé aux seuls condamnés, contre une sentence déjà si sévère à leur égard.

Eh bien! le procureur général trouva que les premiers juges avaient été trop indulgens; il interjeta un appel *à minima*, comme si la société n'ût pas dû être satisfaite de la condamnation, que des magistrats comme lui avaient trouvée suffisante.

12 janvier 1824.—Arrêt définitif qui condamne les malheureux *Bissette, Fabien et Volny* aux galères à perpétuité. — Eugène Delphile, comme *véhémentement soupçonné* (telle est l'expression de l'arrêt; car ici il ne s'agit pas de conviction) d'avoir tenu le propos séditieux que nous venons de transcrire, au bannissement perpétuel du royaume; et Bellisle Duranto, Dumil et Frapart au bannissement perpétuel des Colonies françaises (1).

Cet arrêt étant déféré à la Cour de cassation par les condamnés Bissette, Fabien et Volny, nous n'en entreprendrons pas ici la critique détaillée; nous dirons seulement que les témoins n'ont pas été confrontés selon le vœu formel de l'ordonnance de 1670, qui régit encore la Colonie, et qu'ainsi on n'a pu convaincre Joseph Anois de son imposture, relativement à l'ouverture d'une lettre cachetée; que les débats n'ont pas été publics; que les accusés n'ont point eu de défenseurs (2), et ont été privés, par la célérité d'une procédure conduite *ab irato*, des moyens

---

(1) *V*. le texte de cet arrêt aux pièces justificatives.

(2) Dans toutes nos colonies, cette assistance est prescrite à peine de nullité, même au Sénégal, art. 14 de l'ordonnance royale du 7 janvier 1822. — A Cayenne, ordonnance du 16 avril 1819, au recueil complet des lois et ordonnances; décret du 9 octobre 1789, pour la réforme de la procédure criminelle, publié à la Guadeloupe, le 14 août 1790, et très-probablement à la Martinique.

justificatifs (1) ; que l'ordonnance de ·1757 , qui leur a été appliquée, n'a jamais été publiée dans la Colonie ; qu'elle y est légalement inconnue, et ne pouvait être invoquée ; que même en France, cette ordonnance qui condamnait à la peine de mort les auteurs d'écrits séditieux, n'a jamais été exécutée, et qu'elle était tombée en désuétude (2) long-temps avant la révolution ; que fût-elle applicable, elle aurait été mal appliquée, puisque, d'après sa disposition expresse, les distributeurs d'écrits séditieux ne peuvent être recherchés qu'autant qu'on a omis de remplir les formalités légales ; que la brochure, qui a servi de base à la condamnation, a été imprimée, déposée à la direction de la police sans avoir été condamnée, et qu'ainsi nul ne peut être coupable pour l'avoir lue ou distribuée.

Un arrêt entaché de vices aussi graves, ne peut manquer d'être cassé. Mais comment se fait-il qu'aujourd'hui encore, la Cour suprême de cassation, n'ait pu être saisie de ce pourvoi, et qu'on ait mis autant d'obstacles à ce qu'il fût même déclaré (3)?

Il est dit, que l'apparition de la brochure, au moment où l'autorité était avertie qu'une conspiration s'ourdissait dans l'ombre, a jeté l'alarme, et nécessité de la part du gouvernement des mesures de haute police.

Il résulte de ce considérant et de la circonstance même, que Bissette n'a été trouvé coupable que du colportage du libelle ; que cette brochure n'est pas

(1) La défense de Bissette fut confiée à un jeune avocat d'un mérite connu. Il n'eut pas le temps de rédiger uu mémoire détaillé, ni de le communiquer à son client.

(2) Il est notoire qu'alors on se contentait de supprimer le livre, et qu'on n'instruisait jamais de procès criminel contre l'auteur.

(3) Le greffier a refusé de le recevoir, ainsi que le procureur-général, et il a reçu toute son exécution dans la colonie. Bissette, Fabien et Volny ont subi la marque. Si l'arrêt est cassé, comment effacera-t-on cette flétrissure?

par elle-même un fait de conspiration; qu'elle n'en
est qu'un accessoire, un moyen, ou, si l'on veut,
une circonstance aggravante.

Il faut donc rechercher si, d'ailleurs, la conspiration est prouvée. Or, il n'existe, à ce sujet, aucun
autre document que la dénonciation clandestine de
ceux qui se sont dits commissaires des blancs, et que
la proclamation du gouverneur.

En premier lieu, et quant à la dénonciation, les
blancs parlent de bruits alarmans, de craintes qui cir-
culent, de menaces d'une commotion; mais ils n'en
citent d'autre indice que la distribution de la brochure
elle-même.

Une conspiration ou un complot n'est pas une
chose idéale. « C'est, (dit le Code pénal de 1810,
» qu'on n'accusera pas d'indulgence) un acte com-
» mis ou consommé, ou au moins la résolution d'a-
». gir concertée et arrêtée entre deux ou plusieurs
» conspirateurs, pour détruire et changer le gou-
» vernement ou l'ordre de successibilité au trône,
» et pour exciter les citoyens ou habitans à s'armer
» contre l'autorité royale. »

Mais où sont les auteurs ou complices de pareils
attentats ou complots? Quels conciliabules ont-ils tenus? Quels étaient leurs moyens d'exécution? Par
quels actes ont-ils manifesté leurs manœuvres criminelles? Quels étaient leurs plans; que voulaient-ils
substituer à l'autorité du gouve neur? Voulaient-ils
livrer la colonie aux Anglais ou se déclarer indépen-
dans?

Ont-ils appelé les esclaves et les hommes de couleur aux armes, menacé les blancs d'incendie ou
d'assassinat?

On n'ose pas même alléguer aucun de ces faits. Il
n'y a d'autre conspiration que l'innocente brochure,
qui circule encore librement à Paris et dans tous
nos départemens.

Or, que demande-t-on dans cette brochure? On

supplie V. M. de rappeler les ordonnances de ses augustes prédécesseurs, à l'exécution qu'il était du devoir des autorités locales de maintenir ; de faire disparaître les réglemens locaux, qui y sont contraires, et que le gouvernement a ignorés. On demande des améliorations et des institutions ; mais on les attend de la bienfaisance et de la haute sagesse de V. M. Ce n'est pas en menaçant de s'insurger ou de réclamer, les armes à la main , comme le font les Créoles ; c'est, au contraire, en supplians, que l'auteur de la brochure amène les hommes de couleur au pied du trône.

Un langage si humble et si décent ne serait pas blâmé à Constantinople, devant le trône de sa hautesse, et les Colons y voient un indice de conspiration. Depuis quel temps la plainte n'est-elle plus donc permise à l'opprimé ! la plainte, cette dernière consolation des malheureux ! Cette brochure est l'œuvre d'un bon citoyen, d'un sujet fidèle, et même d'un véritable ami des Colons blancs. Elle n'est que l'écho des vœux désintéressés émis par plusieurs d'entre eux, et consignés dans plusieurs ouvrages ; elle n'est que l'expression des intérêts véritables des Créoles et de leurs enfans.

Vous tous, créoles de bonne foi, qui voulez la justice, l'humanité, le triomphe de l'ordre, la sécurité pour vous, pour votre postérité et pour vos propriétés, écoutez la voix de vos consciences ; consultez l'histoire du passé ; abjurez un malheureux préjugé qui fait votre malheur, et qui, vous tenant dans un état perpétuel d'hostilité avec la classe des hommes de couleur, paralysez les bienfaisantes intentions du monarque législateur, et des bons Français qui administrent sous son autorité. Prenez garde de lasser leur patience, de les révolter par vos injustices, et qu'ils ne vous retirent une protection dont vous vous montrez si peu dignes.

Songez que le monarque, image vivante de l'Être-

Suprême sur la terre, est le père commun de tous ses sujets; qu'à ses yeux la différence de couleur n'est rien, qu'il veut que tous jouissent d'une égale protection.

Plus d'une fois les hommes de couleur ont exposé leur vie pour défendre vos propriétés et vos personnes contre la population esclave, non qu'ils ne fassent des vœux pour son émancipation successive, mais ne voulant pas qu'on l'obtienne par la violence. Pouvaient-ils vous donner une preuve plus forte de leur désir sincère de vivre avec vous dans la plus parfaite intelligence? La reconnaissance seule ne devrait-elle pas vous faire un devoir de les traiter en frères? Combien, parmi les hommes de couleur, n'en est-il pas auxquels la liberté a été accordée à titre de récompense coloniale sur le trésor public, pour services rendus à vous et à vos familles? Ne les avez-vous jugés dignes de la liberté, que sous la condition de les réduire au désespoir par vos injustes dédains, et par une persécution sans cesse renaissante? Ah! revenez à de meilleurs sentimens; écoutez la voix de Dieu, celle du monarque, et le cri du sang et de la nature.

Cette brochure a produit de l'agitation; mais à qui la faute? Elle appartient toute entière à ceux qui en ont fait le sujet d'une si monstrueuse accusation. On ne saurait en donner une preuve plus frappante que ce qui s'est passé à la Guadeloupe; bien que dans cette colonie existe aussi la division des castes, et par suite les mêmes levains de discorde, son introduction n'y a causé aucun trouble.

Il en eût été de même à la Martinique, si des hommes passionnés et fougueux n'avaient saisi ce pretexte pour accuser une population fidèle et paisible, qui, malgré l'état d'oppression où elle se trouve, espère tout du temps, de la justice de sa cause et de la protection du gouvernement.

La conspiration n'existe donc que dans l'imagination de ceux qui ont signé la dénonciation clandestine, et qui, nous en sommes persuadés, sont désavoués par tout ce que la colonie renferme de blancs, amis de la justice et du véritable ordre social.

La proclamation du gouverneur lui-même, écrite avec une grande circonspection, est dirigée autant contre les agitateurs, qui ont dénoncé, que contre les distributeurs de la brochure dont il s'agit. D'ailleurs cette proclamation ne dit pas un mot de la conspiration; elle ne parle que de l'agitation des esprits; et, si depuis on a arraché au gouverneur l'ordre de déportation, que l'on signale comme une preuve de l'existence du complot, nous disons que cet ordre n'est pas l'œuvre du gouverneur, mais d'un comité colonial, qui s'arroge l'autorité souveraine, et qui prétend dicter ses volontés tyranniques aux administrateurs et aux tribunaux.

Comment, s'ils n'avaient pas été effrayés par des terreurs paniques, les magistrats de la Martinique auraient-ils, dans un arrêt, supposé comme existante une conspiration dont il n'y avait aucune preuve judiciaire?

Si, dans leur opinion, cette conspiration eût été flagrante, auraient-ils été chercher dans les lois inconnues à la colonie, des peines pour un délit nouveau? Le crime de conspiration ou de complot, c'est-à-dire le crime de lèze-majesté, n'est-il pas prévu, puni par nos anciennes lois criminelles, aussi sévèrement que par les nouvelles? Auraient-ils négligé de poursuivre et de condamner les conspirateurs?

Comment les magistrats de la Martinique ont-ils pu considérer comme des écrits séditieux les minutes d'adresses communiquées au gouverneur, et adressées aux premières autorités de l'État, et à V. M. elle-même?

Qu'est-ce que les formules? Bissette, *véhémentement soupçonné* d'avoir eu part à la composition d'un libelle; Eugène Delille d'avoir tenu un propos séditieux. Le soupçon d'un crime est-il donc le crime lui-même? Et ne faut-il pas, pour qu'une condamnation soit légitime, qu'il y ait conviction entière, et que le doute ne soit plus permis?

Quand Bissette, Fabien Volny ou les autres auraient écrit le manuscrit avec l'épigraphe, *Salus populi suprema lex esto*, qui, en effet, a beaucoup de ressemblance avec la brochure sur la situation des hommes de couleur, en quoi seraient-ils coupables? L'ont-ils publiée? Non, et dès-lors la pensée, elle-même, ne trouverait-elle pas grâce devant la justice coloniale? Ce crime fut celui du fameux Sidney. Mais, quelle est l'opinion de la postérité sur le jugement qui a conduit cet illustre citoyen à l'échafaud?

C'en est assez sur le trop célèbre arrêt du 12 janvier. Il n'est point, par lui-même, la preuve de l'existence d'une conspiration ; il la suppose, au contraire, et c'est parce que les magistrats abusés sont partis de ce faux point, qu'ils ont appliqué aux malheureux condamnés des peines effroyables, et, que, nous n'en doutons pas, ils regrettent déjà d'avoir prononcées.

Tels sont les vices de l'organisation coloniale, que ceux qui ont échappé à la justice des tribunaux, ont été moins maltraités que Bissette et ses infortunés compagnons.

Les conspirateurs prétendus ont été éloignés de la colonie par une mesure administrative, et les simples distributeurs de la brochure ont été condamnés aux galères perpétuelles et à la flétrissure.

Si rien ne peut justifier l'illégalité de la déportation prononcée contre les supplians, ils ont du moins à s'applaudir de l'humanité de M. le gouverneur; elle s'est manifestée jusques dans la personne des commandans des bâtimens du roi, et de leurs officiers, qui se sont vus avec peine transformés en geôliers de citoyens irréprochables , et le leur ont plusieurs fois exprimé.

Quoique frappés par un ordre qu'ils présument être revêtu de sa signature , les supplians ne l'accusent pas; ils savent que M. le gouverneur est convaincu de leur innocence.

L'ordre de déportation a été délibéré et arrêté dans un conseil de gouvernement, véritable comité colonial, dévoué à ceux qui ont dénoncé cette fausse conspiration.

Tout annonce que, quand M. le gouverneur eut connaissance de la marche que prenait cette affaire devant les tribunaux, et de l'animosité avec laquelle on poursuivait ceux dans les mains de qui on avait saisi la fatale brochure, il crut devoir céder; et, pour éviter de plus grands malheurs, faire embarquer les personnes qui pouvaient se trouver compromises.

En effet, dès le 23 décembre, à trois heures du matin, douze hommes de couleur, les principaux négocians du Fort-Royal, MM. Joseph *Eriché*, Mont-Louis *Thébia*, Joseph *Millet* (1), *Armand*, Hilaire *Laborde*, Germain *Saint-Aude*, *Dufond*, Etienne *Pascal*, *Angel*, Joseph *Verdet*, *Montganier*, et Edouard *Nouillé*, furent arrêtés dans leur domicile à neuf heures du matin; ils furent transférés du fort à bord de la goëlette *la Béarnaise*, mouillée dans la rade.

Pour mettre V. M. à portée de juger comme ils sont ennemis de l'ordre et de la mère-patrie, il suffira de dire que le feu, s'étant déclaré à bord de la

---

(1) M. Millet était chargé de recevoir, par procuration, une somme de 20,000 fr. du substitut du procureur du roi de Saint-Pierre de Martinique, M. B. C. — Celui-ci l'avait touchée et la gardait depuis plus de vingt ans. — On ne parvint au paiement qu'après des menaces de le faire poursuivre. M. Millet avait aussi donné commission à l'infortuné Bissette de recouvrer 5,000 fr. dûs par billet sur un avoué au Fort-Royal. Des poursuites avaient été commencées. *Indè mali labes!*

goëlette, peu d'instans après leur embarquement, ils s'empressèrent tous de porter des secours, et furent assez heureux pour l'éteindre, et préserver le bâtiment et son équipage. Au moment où ils recevaient des re- mercîmens sur leur dévouement, les créoles de Saint-Pierre les accusaient d'y avoir mis le feu.

Cependant le comité qui dirigeait toute cette affaire ne s'endormait pas : les arrestations continuèrent dans la journée du 23 ; il n'épargna pas même les personnes du sexe.

Parmi les douze déportés qui, après l'incendie, passèrent sur *la Constance*, se trouvait un respectable vieillard ; G. Saint-Aude connaissait, par une expérience de soixante années, toute l'activité de la haine de la caste privilégiée. Il ne désespéra sans doute pas de la justice de V. M. ; mais craignant peut-être que cette justice ne fût tardive, ou que, rétabli dans la colonie, il ne fût exposé aux mêmes humiliations, et dans tous les cas hors d'état de réparer les pertes résultant d'une telle catastrophe, le désespoir le saisit ; et après avoir prédit à ses compagnons d'infor- tune une série de maux qui, sans doute, ne se réali- seront jamais, ce vieillard, dont la conduite avait été irréprochable, et dont les cheveux blancs inspiraient la vénération, se précipite, la nuit du 24 au 25 dé- cembre, dans les flots, et disparaît pour jamais.

Pour ne pas perdre une victime, son fils fut arrêté le jour même où on lui apprit la mort de son père, et il fut déporté à sa place.

Après avoir ainsi substitué le fils au père, on pou- vait bien arrêter le frère pour le frère. M. Sidney Descasse, instruit que des ordres avaient été donnés pour l'arrêter, se mit en lieu de sûreté ; M. Mon- trose Descasse, négociant à Saint-Pierre, fut arrêté à sa place, et déporté pour l'étranger.

Jusqu'alors il semblait que c'était une querelle de famille, et que la métropole serait chargée de recevoir tous les bannis, sauf à leur rendre justice plus tard.

Il n'en fut pas ainsi : la haine des persécuteurs ne rougit pas de rendre le monde entier témoin de leur injustice : ces déportations eurent lieu pour les colonies anglaises, espagnoles, américaines, et déjà les journaux étrangers retentissent de la célébrité d'une mesure aussi désastreuse.

On compte plus de deux cents déportations (1), (dont 43 seulement pour France); dans le nombre sont des négocians qui ont plus de 20,000 fr. de rente. Ceux qui sont déportés pour la France, sont des moins aisés, et pour la plupart, illétrés; les autres ont été envoyés enrichir des colonies étrangères, la France nourrira sans doute le reste. La terreur fut si grande, que l'émigration des hommes de couleur s'élève, dit-on, à 1,500 personnes. Ceux qui ne furent pas arrêtés par la force, ont reçu des passeports ou congés avec invitation de quitter la colonie dans le plus bref délai.

Plusieurs étaient créanciers des créoles : on cite entre autres, Jacob Lebrun, négociant au quartier de la Trinité, et Francisque, mécanicien au quartier de la Bassepointe, l'un et l'autre propriétaires, forcés de s'embarquer sans avoir pu obtenir le paiement de sommes assez considérables qui leur étaient dues par un magistrat.

Les créoles s'offraient eux-mêmes pour faire les arrestations, et ils y ajoutaient les traitemens les plus cruels envers des vieillards et des enfans.

Plusieurs sont morts du coup que cette arrestation leur a porté : on cite entre autres M. Bolly, qui fut embarqué malade, sur la frégate la Flore, puis débarqué pour être mis à l'hôpital, puis jeté en prison

____

(1) *V*. ci-après, parmi les pièces justificatives, l'état nominatif des déportés, à l'époque du 15 mars 1824. Les journaux annoncent qu'elles continuent.

où il demeura sans secours, il s'est donné la mort. M. J.
Baptiste de la paroisse du Lamentin fut arrêté et
conduit dans les prisons du Fort-Royal ; il était dan-
gereusement malade ; il a succombé peu de jours
après son arrestation. Joseph Abraham est mort dans
la traversée de France.

MM. Hippolyte Zenne et Joseph Millet, malgré
leur âge et leurs infirmités, ont été maltraités.

Dans la paroisse du Carbet, un propriétaire, le
sieur Precop, âgé de 62 ans, chargé de 12 enfans, avait,
dans l'insurrection du Carbet, rendu des services si-
gnalés, il y avait à peine deux ans. La reconnaissance
n'est pas la vertu des créoles. Soupçonné mal à propos
d'avoir chez lui un dépôt d'armes, lui qui ne s'en ser-
vait que pour protéger la vie des blancs, il est arrêté ; et quoiqu'on n'ait rien découvert, il est déporté
de la colonie ; ses trois jeunes fils, qui doivent le
remplacer, sont également déportés ; voilà donc en
un instant, une intéressante famille livrée à la mi-
sère et au désespoir. L'un de ces fils laissait aussi une
jeune épouse et des enfans.

On assure qu'en plein jour, dans la ville de Saint-
Pierre, un créole se permit de décharger son pisto-
let sur un homme de couleur avec lequel il n'était
pas en discussion.

Dans la paroisse de la Rivière-Sallée, un homme de
couleur, pour avoir donné la main et dit bonjour à
un de ses amis arrêté, fut, sans autre explication,
arrêté lui-même, et conduit dans la même prison.

Tandis que ceux qu'on accusait de conspirer se
laissaient ainsi maltraiter, arrêter, jeter dans les fers,
ou déporter, les créoles, ces hommes soumis aux lois,
ces amis de l'ordre et de la justice, formaient des assemblées séditieuses sur convocations, dans toutes les
paroisses, et usurpant des fonctions qui ne leur ap-
partenaient pas, et qui, dans la mère-patrie, les auraient exposés à toute la sévérité des lois, ils parcou-
raient les campagnes armés, arrêtaient, de leur

autorité privée , quiconque avait eu le tort de
leur déplaire , ou de ne pas répondre à leurs pro-
vocations ; on a vu les commandans des paroisses
insulter aux malheureux qu'ils arrêtaient , brutaliser
les sœurs, les épouses et les mères de leurs victimes,
qui leur portaient des secours et leur donnaient le bai-
ser d'adieu. Un habitant de la paroisse du Lamentin,
oublia sa qualité de magistrat de la colonie, au point
de parcourir lui-même les villages pour y faire des
arrestations. Dans les paroisses de la Basse-Pointe et de
la Grande-Anse, où les violences furent les plus mar-
quées , on vit un propriétaire, homme de couleur,
(Rose-Ambroise) assailli, au milieu de la nuit, par
une bande armée, essuyer le feu de la mousqueterie.
Il parvint à s'échapper, et se rendit auprès du commandant de la paroisse pour se plaindre ; il fut à l'instant arrêté, puis plongé dans les cachots de l'habitation où se tenait l'assemblée illicite de son quartier. Il a été déporté, et il est mort dans la traversée
pour France, par suite des mauvais traitemens qu'il
a essuyés ; son fils aîné l'a remplacé dans les prisons.

M. Jacques Cadet, possédait en la paroisse du
Robert, une habitation de la valeur de 130,000 fr. ;
soupçonné d'avoir lu la malheureuse brochure, il
est traîné dans la prison du Fort-Royal. Informé qu'il
serait déporté, il fit appeler son jeune fils pour mettre
ordre à ses affaires. Tandis que celui-ci remplit ce
devoir douloureux auprès de son père, l'assemblée
séditieuse de la paroisse se transporte chez lui, en-
fonce les portes, et livre son atelier aux plus grands
désordres. Le fils rend plainte au procureur du Roi :
pour toute réponse, il reçoit l'ordre de se rendre en
prison où il est encore, s'il n'est pas déporté.

Jacques Cadet est cet homme de couleur dont il
est parlé page 20 de la brochure ; il était désigné
comme la victime de ce blanc qui, sans motif et par
une affreuse méprise, assassina publiquement M. Des-
nodri, ce qui ne l'a pas empêché, après un an

d'absence, de rentrer chez lui et d'être, plus tard, revêtu de la charge de commissaire commandant de son quartier.

Pour rassurer les blancs, on désarma tous les hommes de couleur, à l'exception de ceux du 6e bataillon, parce que M. *Dugué*, leur chef jura qu'il répondait des siens. Tout le monde obéit à cette mesure sage, ce qui n'empêcha pas les arrestations de continuer avec autant d'acharnement.

On sent combien ces arrestations donnèrent de moyens de satisfaire de vengeances particulières, et combien de débiteurs en crédit s'en servirent pour éloigner des créanciers importuns.

C'est ainsi qu'en moins de trois mois, la population des hommes de couleur fut décimée, dispersée et ruinée par une proscription en masse. Cet événement, dit-on, était prévu et annoncé d'avance; la colonie devait être purgée d'un millier d'hommes de couleur. Le succès dans ce cas a dépassé l'espérance; car les expatriations s'élèvent à plus de quinze cents personnes.

Tel est l'état dans lequel se trouve aujourd'hui cette malheureuse colonie, que les navires du commerce ne s'y rendent plus : elle est comme en état de faillite. La secousse s'en est fait ressentir jusque dans la métropole; et des maisons respectables de la capitale ont cru devoir en exprimer leur douleur dans la lettre suivante, qu'ils ont adressée le 14 mai à S. Exc. le ministre de la marine et des colonies (1).

---

(1) En voici les termes :
Monseigneur, Nous n'avons pas appris, sans de vives alarmes, la mesure dont viennent d'être frappés plusieurs des principaux négocians de la Martinique, nos correspondans. Si la déportation contre eux prononcée sans jugement, n'est pas révoquée, et s'il ne leur est pas permis de reprendre la direction de leurs affaires, ils seront inévitablement constitués en état de faillite, et des pertes énormes vont fondre sur nous.
Si la déportation avait été prononcée par l'autorité judi-

CONCLUSION.

Nous ne discuterons pas ici la légalité de l'ordre de déportation ; cette tâche a été confiée à de plus habiles mains ; et c'est dans la consultation délibérée pour les supplians, qu'il faut chercher la preuve de l'illégitimité de la détention qui en est la suite, et qui dure encore. Cette illégalité une fois reconnue, ce serait faire injure au gouvernement de V. M., de mettre en doute que l'injustice doive être réparée.

Sans doute le gouvernement n'a pas l'intention de retenir dans une prison perpétuelle, en vertu d'un acte extrajudiciaire, d'une véritable lettre de cachet, des hommes qui n'ont en rien offensé les lois de leur pays, et qui ne sont convaincus d'aucun crime ou délit. En France, nul ne peut être détenu sous la surveillance de la haute police sans jugement. La déportation aux colonies françaises du Sénégal ou

---

ciaire, nous ne nous permettrions pas d'intercéder autrement que pour la grâce, en attestant que nous connaissons nos correspondans pour des hommes probes et industrieux, amis de l'ordre et de la paix ; mais la mesure dont il s'agit n'étant qu'une mesure provisoire, arrachée sans doute par les alarmes de quelques blancs, à S. Exc le gouverneur, et ayant besoin, pour devenir définitive, d'être approuvée par S. M. et d'être légalisée, nous venons supplier V. Exc. de mettre sous les yeux de S. M., et d'agréer elle-même l'expression de nos craintes et la gravité des pertes qu'elle nous fait supporter.

Nous sommes, etc. , *signé* Torigny et Purpin, rue des Mauvaises-Paroles ; n. 17. — Primois et Saint-Évron, rue des Deux-Boules, n. 2. — A. Lanavil neveu, et compagnie, rue Notre-Dame des Victoires, n. 24. — Legros, rue des Mauvaises-Paroles, n. 19 ; — Tregent, rue des Déchargeurs, n. 8 ; — Schlumberger, Grosjean et compagnie, rue des Jeuneurs, n. 8. — Pour M. Clerc-Neveu, Duhamel, rue de la Feuillade, n. 2 ; — Terwangue-Paimous et compagnie, rue Neuve des Petits-Champs, n. 35 ; — J. R. Poupart de Ruistein et compagnie ; — Gros, Davillier, Odier et compagnie, boulevard Poissonnière, n. 15 ;—Hippolyte Gavoty, rue des Bourdonnais, n. 8 ; — Burtin, par procuration de M. Garellon-Rouly. (Tous correspondans de *Mont-Louis Thébia* et *Ériché*).

ailleurs, serait la continuation d'une mesure illégale. La seule chose qu'il soit convenable de discuter ici, est la forme et la nature de la réparation.

Il est évident, par ce que nous avons dit et prouvé sur l'influence de l'esprit colonial, et sur l'impuissance où on s'est trouvé jusqu'à présent de protéger efficacement les hommes de couleur, que cette réparation doit être publique à l'égard de tous les réclamans, et de plus qu'elle doit avoir un caractère de généralité tel, qu'elle leur soit réellement profitable, et qu'ils puissent rentrer avec sécurité dans leurs foyers.

La réparation doit être *publique*, et constatée par un acte éclatant de la justice de V. M. Si l'on se bornait à révoquer tacitement l'ordre de déportation, en mettant en liberté les proscrits, et leur faisant délivrer des passe-ports, qu'arriverait-il? Ils ne pourraient rentrer dans leur pays que comme des supplians ou des graciés, tandis qu'ils ont droit d'y paraître comme des hommes dont l'innocence a été reconnue et dont les droits ont été violés.

La réparation doit être *générale*. Pourquoi, en effet, seraient-ils plus maltraités que les autres, ceux que le comité colonial a fait déporter aux contrées étrangères? Serait-ce parce qu'ils sont plus malheureux, ou qu'ils ne sont pas suffisamment représentés? Mais ce n'est pas devant le conseil de V. M. qu'on peut avoir à craindre de pareilles exceptions.

Si la justice que les supplians attendent n'avait pas ce caractère de publicité et de généralité, ils ne rentreraient dans la colonie que pour y réaliser leur fortune, et ils s'empresseraient de fuir une terre qui ne leur offre plus aucune protection.

Voilà ce qui nous paraît la justice; et quant à la politique, cette autre justice des gouvernemens, elle veut, ce nous semble, qu'on ne cède rien à une classe qui ose protester contre l'exécution des lois de la métropole (les édits de 1642 et 1685), et qui, malgré sa faiblesse, ose porter, presque jusqu'à la menace et à la rébellion, son opposition aux améliorations que réclame l'état des colonies, et que V. M. a daigné promettre.

La politique ne veut pas que l'on sacrifie la classe la plus nombreuse, la plus soumise et la plus fidèle, à une caste qui ne met pas de bornes à ses prétentions.

La politique commande l'union et la fusion la plus parfaite entre les sujets du même État; mais il ne peut y avoir de fusion et d'union, là où tous les droits sont d'un côté, et où l'oppression la plus complète, sans espoir d'amélioration, se trouve de l'autre.

La politique ne permet pas que l'on réduise au désespoir une population nombreuse, active et industrieuse, qui ne demande qu'à bénir ceux qui la gouvernent, et qui ne réclame que la garantie des droits civils et de cité, qu'elle sait lui appartenir.

La politique ne veut pas qu'en réduisant la classe des hommes de couleur à un état d'ilotisme pire que l'esclavage, on les force à s'exiler volontairement, ou à nourrir au fond de son cœur une haine inextinguible contre ses oppresseurs, à se montrer indifférens ou même secrètement favorables aux mouvemens de la population esclave (1).

La politique doit savoir, selon l'expression d'un grave magistrat, que les états ne peuvent prospérer ni se maintenir sans bon ordre de justice.

En un mot la politique doit apercevoir l'état actuel du nouveau monde, et si c'est le moment de reculer dans la carrière des améliorations sociales.

ISAMBERT.

AVOCAT AUX CONSEILS DU ROI.

Paris, 29 juin 1824.

---

(1) M. *Malouet* a écrit qu'aucune classe d'hommes ne se laisse avilir, et que le comble de l'absurdité est de placer les hommes de couleur à une telle distance des blancs, qu'ils croient avoir à gagner en devenant leurs ennemis.